RÉPERTOIRE GÉNÉRAL

du

THÉATRE FRANÇAIS.

ÉDITION STÉRÉOTYPE

D'APRÈS LE PROCÉDÉ D'HERHAN.

PARIS,
H. NICOLLE, A LA Librairie stéréotype,
rue de Seine, n.º 12.
M DCCC XVIII.

Y 5548
A c 10

Yf 5279

RÉPERTOIRE GÉNÉRAL

DU

THÉATRE FRANÇAIS.

TOME 10.

DE L'IMPRIMERIE D'A. ECRON.

RÉPERTOIRE GÉNÉRAL
DU
THÉATRE FRANÇAIS,

COMPOSÉ
DES TRAGÉDIES, COMEDIES ET DRAMES

DES AUTEURS DU PREMIER ET DU SECOND ORDRE,

Restés au Théâtre Français;

AVEC UNE TABLE GÉNÉRALE.

THÉATRE DU PREMIER ORDRE.

RACINE. — TOME V.

PARIS,

H. NICOLLE, A LA LIBRAIRIE STÉRÉOTYPE,

rue de Seine, n.° 12.

M DCCC XVIII.

LETTRES
DE JEAN RACINE,

PUBLIÉES

PAR LOUIS RACINE SON FILS.

LETTRES
DE JEAN RACINE
A SES AMIS.

LETTRE PREMIÈRE.
A M. LE VASSEUR. [1]

Paris, 5 septembre 1660.

L'ode est faite, et je l'ai donnée à M. Vitart pour la faire voir à M. Chapelain [2]. S'il n'étoit point si tard, j'en ferois une autre copie pour vous; mais il est dix heures du soir, et d'ailleurs je crains furieusement le chagrin où vous met votre maladie, et qui vous rendroit peut-être assez difficile pour ne rien trouver de bon dans mon ode. Cela m'embarrasseroit, et l'autorité que vous avez sur moi pourroit produire en cette rencontre un aussi mauvais effet qu'elle en produit de bons en toutes les autres. Néanmoins, comme il y a espé-

---

[1] M. Le Vasseur, si intime ami alors de mon père, et environ du même âge, étoit parent de M. Vitart.

[2] Cette ode étoit *la Nymphe de la Seine*. M. Vitart, son oncle, la porta à Chapelain.

rance que cette maladie ne durera pas, je vous enverrai demain une copie. Je crains encore que vos notes ne viennent tard.

Quoi qu'il en soit, je vais vous écrire par avance une stance et demie. Ce n'est pas que je les croie les plus belles; mais c'est qu'elles sont sur l'entrée de la reine :

[1] Qu'il vous faisoit beau voir en ce superbe jour,
Où, sur un char conduit par la Paix et l'Amour,
Votre illustre beauté triompha sur mes rives !
Les discords après vous se voyoient enchaînés.
  Mais, hélas ! que d'ames captives
Virent aussi leurs cœurs en triomphe menés!

  Tout l'or dont se vante le Tage,
  Tout ce que l'Inde sur ses bords
  Vit jamais briller de trésors
  Sembloit être sur mon rivage.
Qu'étoit-ce toutefois de ce grand appareil,
Dès qu'on jetoit les yeux sur l'éclat nompareil
Dont vos seules beautés vous avoient entourée?
Je sais bien que Junon parut moins belle aux dieux,
  Et moins digne d'être adorée,
Lorsqu'en nouvelle reine elle entra dans les cieux.

---

[1] Quoique Racine paroisse si content de ces vers, il ne conserva pas les premiers. On critiqua apparemment *les discords*, mot qui lui plaisoit, et par lequel il vouloit imiter Malherbe. La stance suivante est telle qu'elle subsiste aujourd'hui.

Peut-être trouverez-vous d'autres strophes qui ne vous paroîtront pas moins belles.

Je ne sais si vous avez connoissance de quelques lettres qui font un grand bruit. Elles sont de M. le cardinal de Retz. Je les ai vues, mais en des mains dont je ne pouvois les tirer. On craint à Paris quelque chose de plus fort, comme un interdit. Cela passe ma portée. Adieu.

LETTRE II.
AU MÊME.

Paris, 8 septembre 1660.

Je vous envoie mon sonnet[1], c'est-à-dire un nouveau sonnet; car je l'ai tellement changé hier au

---

[1] Racine fit en même temps le sonnet qu'il appelle dans la lettre suivante son *triste sonnet*, à cause des réprimandes qui lui vinrent de Port-Royal lorsqu'on y apprit qu'il faisoit des vers. Le voici :

Sonnet sur la naissance d'un enfant de madame Vitart, tante de Racine.

Il est temps que la nuit termine sa carrière,
Un astre tout nouveau vient de naître en ces lieux;
Déjà tout l'horizon s'aperçoit de ses feux,
Il échauffe déjà dans sa pointe première.

soir, que vous le méconnoîtrez : mais je crois que vous ne l'en approuverez pas moins. En effet, ce qui le rend méconnoissable est ce qui vous le doit rendre plus agréable, puisque je ne l'ai si défiguré que pour le rendre plus beau et plus conforme aux règles que vous me prescrivîtes hier, qui sont les règles mêmes du sonnet. Vous trouviez étrange que la fin fût une suite si différente du commencement : cela me choquoit de même que vous; car les poëtes ont cela des hypocrites, qu'ils défendent toujours ce qu'ils font, mais que leur conscience ne les laisse jamais en repo . J'avois fort bien reconnu [1] ce défaut, quoique je fisse tout mon possible pour montrer que ce n'en étoit pas un : la force de vos

---

Et toi, fille du Jour, qui nais devant ton père,
Belle Aurore, rougis, ou te cache à nos yeux,
Cette nuit, un soleil est descendu des cieux,
Dont le nouvel éclat efface ta lumière.

Toi, qui dans ton matin parois déjà si grand,
Bel astre, puisses-tu n'avoir point de couchant!
Sois toujours en beautés une aurore naissante.

A ceux de qui tu sors puisses-tu ressembler!
Sois digne de Daphnis et digne d'Amaranthe.
Pour être sans égal, il les faut égaler.

[1] Le sonnet paroît bien l'ouvrage d'un très jeune homme; mais cette réflexion si juste est remarquable dans un poëte si jeune.

raisons étant ajoutée à celle de ma conscience a achevé de me convaincre. Je me suis rangé à la raison, et j'y ai aussi rangé mon sonnet. J'en ai changé la pointe, ce qui est le plus considérable dans ces ouvrages. J'ai fait comme un nouveau sonnet : ma conscience ne me reproche plus rien, et j'en prends un assez bon augure. Je souhaite qu'il vous satisfasse de même.

J'ai lu toute la Callipédie[1], et je l'ai admirée. Il me semble qu'on ne peut faire de plus beaux vers latins. Balzac diroit qu'ils sentent tout-à-fait l'ancienne Rome et la cour d'Auguste, et que le cardinal du Perron les auroit lus de bon cœur. Pour moi, qui ne sais pas si bien quel étoit le goût de ce cardinal, et qui m'en soucie fort peu, je me contente de vous dire mon sentiment.

Vous trouverez dans cette lettre plusieurs ratures; mais vous les devez pardonner à un homme qui sort de table. Vous savez que ce n'est pas le temps le plus propre pour concevoir les choses bien nettement; et je puis dire, avec autant de raison que l'auteur de la Callipédie, qu'il ne faut pas se mettre à travailler sitôt après le repas.

Nimirum crudam si ad læta cubilia portas
Perdicem, etc.

Mais il ne m'importe de quelle façon je vous écrive, pourvu que j'aie le plaisir de vous entre-

---

[1] Poëme latin composé par Quilet.

tenir; de même qu'il me seroit bien difficile d'attendre après la digestion de mon souper, si je me trouvois à la première nuit de mes noces. Je ne suis pas assez patient pour observer tant de formalités. Cela est pitoyable de se priver d'un entretien pour trois ou quatre ratures. Mais M. Vitart monte à cheval, et il faut que je parte avec lui ; je vous écrirai plus au long une autre fois. *Vale et vive.*

LETTRE III.
AU MÊME.

Paris, 13 septembre 1660.

Pourquoi ne voulez-vous plus me venir voir, et aimez-vous mieux me parler par lettres ? N'est-ce point que vous vous imaginez que vous en aurez plus d'autorité sur moi, et que vous en conserverez mieux la majesté de l'empire ? *Major è longinquo reverentia.* Croyez-moi, monsieur, il n'est pas besoin de cette politique : vos raisons sont trop bonnes d'elles-mêmes, sans être appuyées de ces secours étrangers. Votre présence me seroit plus utile que votre absence ; car l'ode, étant presque imprimée, vos avis arriveront trop tard.

Elle a été montrée à M. Chapelain : il a marqué quelques changements à faire, je les ai faits, et j'étois très embarrassé pour savoir si ces changements n'étoient point eux-mêmes à changer. Je ne savois à qui m'adresser. M. Vitart est rarement capable de donner son attention à quelque chose. M. l'Avocat n'en donne pas beaucoup non plus à ces sortes de choses; il aime mieux ne voir jamais une pièce, quelque belle qu'elle soit, que de la voir une seconde fois : si bien que j'étois près de consulter, comme Malherbe, une vieille servante, si je ne m'étois aperçu qu'elle est janséniste comme son maître, et qu'elle pourroit me déceler [1] : ce qui seroit ma ruine entière, vu que je reçois encore tous les jours lettres sur lettres, ou, pour mieux dire, excommunications sur excommunications, à cause de mon triste sonnet. Ainsi j'ai été obligé de m'en rapporter à moi seul de la bonté de mes vers. Voyez combien votre présence m'auroit fait de bien : mais puisqu'il n'y a plus de remède, il faut que je vous rende compte de ce qui s'est passé. Je ne sais si vous vous y intéressez, mais je suis si accoutumé à vous faire part de mes fortunes, bonnes ou mauvaises, que je vous punirois moins que moi-même en vous les taisant.

M. Chapelain a donc reçu l'ode avec la plus grande bonté du monde : tout malade qu'il étoit, il l'a retenue trois jours, et a fait des remarques par écrit, que j'ai fort bien suivies. M. Vitart n'a jamais été si aise qu'après cette visite; il me pensa

---

[1] Cet endroit fait connoître combien Racine craignoit de déplaire à Port-Royal, où l'on ne vouloit point qu'il fît de vers.

confondre de reproches, à cause que je me plaignois de la longueur de M. Chapelain. Je voudrois que vous eussiez vu la chaleur et l'éloquence avec laquelle il me querella. Cela soit dit en passant.

Au sortir de chez M. Chapelain, il alla voir M. Perrault, contre notre dessein, comme vous savez ; il ne s'en put empêcher, et je n'en suis pas marri à présent. M. Perrault lui dit aussi de fort bonnes choses qu'il mit par écrit, et que j'ai encore toutes suivies, à une ou deux près, où je ne suivrois pas Apollon lui-même. C'est la comparaison de Vénus et de Mars qu'il récuse, à cause que Vénus est une prostituée. Mais vous savez que quand les poëtes parlent des dieux ils les traitent en divinités, et par conséquent comme des êtres parfaits, n'ayant même jamais parlé de leurs crimes comme s'ils eussent été des crimes ; car aucun ne s'est avisé de reprocher à Jupiter et à Vénus leurs adultères ; et si cela étoit, il ne faudroit plus introduire les dieux dans la poésie, vu qu'à regarder leurs actions, il n'y en a pas un qui ne méritât d'être brûlé, si on leur faisoit bonne justice.

Mais, en un mot, j'ai pour moi Malherbe, qui a comparé la reine Marie à Vénus, dans quatre vers aussi beaux qu'ils me sont avantageux, puisqu'il y parle de l'amour de Vénus :

Telle n'est point la Cythérée,
Quand, d'un nouveau feu s'allumant,
Elle sort pompeuse et parée
Pour la conquête d'un amant.

Voilà ce qui regarde leur censure : je ne vous dirai rien de leur approbation, sinon que M. Perrault a dit que l'ode étoit très bonne; et voici les paroles de M. Chapelain [1], que je vous rapporterai comme le texte de l'évangile, sans y rien changer. Mais aussi *c'est M. Chapelain*, comme disoit à chaque mot M. Vitard. *L'ode est fort belle, fort poétique, et il y a beaucoup de stances qui ne peuvent être mieux. Si l'on repasse le peu d'endroits que j'ai marqués, on en fera une fort belle pièce.* Il a tant pressé M. Vitart de lui en nommer l'auteur, que M. Vitart veut à toute force me mener chez lui. Il veut qu'il me voie. Cette vue nuira bien sans doute à l'estime qu'il a pu concevoir de moi.

Ce qu'il y a de plus considérable à changer, c'a été une stance entière, qui est celle des tritons. Il s'est trouvé que les tritons n'avoient jamais logé dans les fleuves, mais seulement dans la mer. Je les ai souhaités bien des fois noyés tous tant qu'ils sont, pour la peine qu'ils m'ont donnée. J'ai donc refait une autre stance. Mais *poichè da tutti i lati ho pieno il foglio*, adieu. Je suis, etc.

---

[1] Chapelain étoit alors le souverain juge du Parnasse. Jamais poëte vivant n'a été en si grande vénération.

LETTRE IV.

AU MÊME.

Babylone [1], 26 janvier 1661.

Je sais que M. l'Avocat vous proposa hier de venir me voir, et que cette proposition vous effraya. Vous n'êtes pas d'humeur à quitter les dames pour aller voir des prisonniers. Dieu vous garde de l'être jamais! Je jure par toutes les divinités qui président aux prisons (je crois qu'il n'y en a point d'autres que la Justice, ou Thémis en termes de poëtes); je jure donc par Thémis que je n'aurai jamais le moindre mouvement de pitié pour vous, et que je me changerai en pierre, comme Niobé, pour être aussi dur pour vous que vous l'avez été pour moi; au lieu que M. l'Avocat ne sera pas plus tôt dans un des plus noirs cachots de la Bastille (car un homme de sa conséquence ne sauroit jamais être prisonnier que d'état), il n'y sera pas plus tôt, en vérité, que j'irai m'enfermer avec lui : et croyez que ma reconnoissance ira de pair avec mon ressentiment.

---

[1]. Racine étoit alors à Chevreuse : il date de Babylone par plaisanterie, pour faire entendre qu'il y est captif, et qu'il s'ennuie autant que les Juifs s'ennuyoient à Babylone.

Vous vous attendez peut être que je m'en vais vous dire que je m'ennuie beaucoup à Babylone, et que je vous dois réciter les lamentations que Jérémie y a autrefois composées ; mais je ne veux pas vous faire pitié, puisque vous n'en avez pas déjà eu pour moi. Je veux vous braver au contraire, et vous montrer que je passe fort bien mon temps. Je vais au cabaret [1] deux ou trois fois le jour ; je commande à des maçons, à des vitriers et à des menuisiers, qui m'obéissent assez exactement, et me demandent de quoi boire : je suis dans la chambre d'un duc et pair. Voilà pour ce qui regarde le faste ; car dans un quartier comme celui-ci, où il n'y a que des gueux, c'est grandeur que d'aller au cabaret : tout le monde n'y peut aller.

J'ai des divertissements plus solides, quoiqu'ils paroissent moins. Je goûte tous les plaisirs de la vie solitaire ; je suis tout seul, et je n'entends pas le moindre bruit : il est vrai que le vent en fait beaucoup, et même jusqu'à faire trembler la maison ; mais il y a un poëte qui dit :

O quàm jucundum est recubantem audire susurros
    Ventorum, et somnos, imbre juvante, sequi !

Ainsi, si je voulois, je tirerois ce vent à mon avantage ; mais je vous assure qu'il m'empêche de dor-

---

[1] C'étoit l'usage alors d'aller au cabaret.

mir toute la nuit, et je crois que le poëte vouloit parler de ces zéphyrs flatteurs,

> Che dibattendo l'ali
> Lusingano il sonno de' mortali.

Je lis des vers, je tâche d'en faire. Je lis les aventures de l'Arioste, et je ne suis pas moi-même sans aventure.

Une dame me prit hier pour un sergent. Venez me voir, nous irons au cabaret ensemble; on vous prendra pour un commissaire, et nous ferons trembler tout le quartier. Faites ce que vous voudrez; mais ne faites rien par pitié, car je ne vous en demande pas le moins du monde.

LETTRE V.

AU MÊME.

1661.

Vous vous êtes fait, monsieur, un terrible ennemi. M. de La Charles commença hier contre vous une harangue qui ne finira qu'avec sa vie, si vous n'y donnez ordre, et que vous ne lui fermiez la bouche par une lettre d'excuses qui fasse le même effet que cette miche dont Énée remplit la triple gueule de Cerbère. Pour moi, dès que je le vis commencer, je n'attendis pas que l'exorde de la harangue fût fini; je crus que le seul parti que je devois prendre, c'étoit de m'enfuir, en disant, *Monsieur a raison*, pour ne pas tomber dans cet inconvénient où me jeta autrefois le dur essai de sa meurtrière éloquence.

J'étois à l'hôtel de Babylone, quand M. l'Avocat y apporta vos lettres. Mademoiselle Vitart, lisant que vous alliez prendre les eaux de Bourbon, ne put s'empêcher de crier comme si vous étiez déjà mort. Elle dit cela avec chaleur: M. Vitart s'en aperçut, prit la lettre; et après s'être frotté les yeux

Tre volte, e quattro, e sei lesse lo scritto,

et ayant regardé ensuite mademoiselle Vitart, il lui demanda, *con il ciglio fieramente inarcato*, ce que tout cela vouloit dire. Elle fut obligée de lui dire quelques mots à l'oreille, que je n'entendis pas.

Mais je fais réflexion que je ne vous parle point de votre poésie. J'ai tort, je l'avoue, et je devrois considérer qu'étant devenu poëte, vous êtes devenu sans doute impatient; c'est une qualité inséparable des poëtes aussi-bien que des amoureux, qui veulent qu'on laisse toutes choses pour ne leur parler que de leur passion et de leurs ouvrages [1]. Je ne vous

---

[1] Il y a apparence que ce jeune homme, après s'être fait saigner, avoit envoyé à Racine des vers qu'il avoit faits pour une demoiselle. C'est sur son amour, sa poésie et sa saignée, qu'il le plaisante.

parlerai point de votre amour : un homme aussi délicat que vous ne sauroit manquer d'avoir fait un beau choix ; et je suis persuadé que votre belle mérite les adorations de tous tant que nous sommes, puisque vous l'avez jugée digne des vôtres, jusqu'à devenir poëte pour elle. Cela me confirme de plus en plus que l'Amour est celui de tous les dieux qui sait mieux le chemin du Parnasse. Avec un si bon conducteur vous n'avez garde de manquer d'y être bien reçu : d'ailleurs, les muses vous connoissoient déjà de réputation ; et sachant que vous étiez bien venu parmi toutes les dames, il ne faut point douter qu'elles ne vous aient fait le plus obligeant accueil du monde.

Utque viro Phœbi chorus assurrexerit omnis.

Ils ne sont pas seulement amoureux ; la justesse y est tout entière. Néanmoins, si j'ose vous dire mon sentiment sur deux ou trois mots, celui de *radieux* est un peu trop antique pour un homme tout frais sorti du Parnasse : j'aurois tâché de mettre *impérieux*, ou quelque autre mot. J'aurois aussi retranché ces deux vers : *Ainsi, si comme nous*, et le suivant, ou je leur aurois donné un sens ; car il me semble qu'ils n'en ont point.

Vous m'accuserez peut-être de trop d'inhumanité, de traiter si rudement les fils aînés de votre muse et de votre amour : je ne veux pas dire les fils uniques ; la muse et l'amour n'en demeureront pas là : mais au moins cela vous doit faire voir réciproquement que je n'ai rien de caché pour vous, et que ce n'est point par flatterie que je vous loue, puisque je prends la liberté de vous censurer. *Scito eum pessimè dicere, qui laudabitur maximè.* En effet, quand une chose ne vaut rien, c'est alors qu'on la loue démesurément, et qu'on n'y trouve rien à redire, parceque tout y est également à blâmer. Il n'en est pas de même de vos vers; ils sont aussi naturels qu'on le peut désirer, et vous ne devez pas plaindre le sang qu'ils vous ont coûté.

Ne vous amusez pas pourtant à vous épuiser les veines pour continuer à faire des vers [1], si ce n'est qu'à l'exemple de la femme de Sénèque vous vouliez témoigner la grandeur de votre amour; mais je ne crois pas que les beaux yeux qui vous ont blessé soient si sanguinaires, et que ces marques de votre amour lui soient plus agréables qu'une santé forte et robuste.

M. du Chêne est votre serviteur. M. d'Houy est ivre, tant je lui ai fait boire de santés. Et moi je suis tout à vous.

---

[1] On voit, par plusieurs traits répandus dans ces lettres, que celui qui les écrivoit étoit né railleur.

LETTRE VI.

AU MÊME.

Paris, 3 juin 1661.

M. l'Avocat vient de m'apporter une de vos lettres, et veut absolument que nous soyons réconciliés ensemble. Je gagne trop à cette réunion pour m'y opposer. Aussi-bien, comme les choses imparfaites recherchent naturellement de se joindre avec les plus parfaites, je serois un monstre dans la nature, si, étant *creux* [1] comme je suis, je refusois de me joindre et de m'attacher au *solide*, tandis que ce même *solide* tâche d'attirer à lui ce même *creux*.

Quod quoniam per se nequeat constare, necesse est
Hærere.

C'est de Lucrèce qu'est cette maxime; et c'est de lui que j'ai appris qu'il falloit me réunir avec M. l'Avocat. Et il faut bien que vous l'ayez lu aussi, car il me semble que la lettre que vous avez écrite à ce grand partisan du *solide* est toute pleine des maximes de mon auteur. Il dit, comme vous, qu'il

---

[1] Ces plaisanteries sur le mot *creux* roulent sur ce que M. l'Avocat avoit toujours ce mot à la bouche, pour dire *inutile*, *frivole*, etc.

ne faut pas que tout soit tellement *solide* qu'il n'y ait un peu de *creux* parmi nous.

> Nec tamen undique corporeâ stipata tenentur
> Omnia naturâ, namque est in rebus inane.

Mais sortons de cette matière, qui elle-même est trop *solide*, et mêlons-y un peu de notre *creux*.

Avouez, monsieur, que vous êtes pris, et que vous laisserez votre pauvre cœur à Bourbon. Je vois bien que ces eaux ont la même force que ces fameuses eaux de Baies : c'est un lac célèbre en Italie, quand il ne le seroit que par les louanges d'Horace et des autres poëtes latins. On y alloit en ce temps, et peut-être y va-t-on encore, comme vos semblables vont à Bourbon et à Forges. Ces eaux sont chaudes comme les vôtres, et il y a un auteur qui en rapporte une plaisante raison. Je voudrois, pour votre satisfaction, que cet auteur fût, ou Italien ou Espagnol; mais la destinée a voulu encore que celui-ci fût Latin. Il parle donc du lac de Baies, et voici ce qu'il en dit à peu près :

> C'est là qu'avec le dieu d'amour
> Vénus se promenoit un jour.
> Enfin se trouvant un peu lasse,
> Elle s'assit sur le gazon ;
> Mais ce mauvais petit garçon,
> Qui ne peut se tenir en place,
> Lui répondit : Çà, votre grace,
> Je ne suis point las comme vous.

Vénus, se mettant en courroux,
Lui dit : Fripon, vous aurez sur la joue.

. . . .

Il fallut donc qu'il filât doux ;
Et vînt s'asseoir à ses genoux.
Cependant tous ses petits frères,
Les Amours qu'on nomme vulgaires,
Peuple qu'on ne sauroit nombrer,
Passoient le temps à folâtrer.

Ce seroit le perdre à crédit, que m'amuser à vous faire le détail de tous leurs jeux : vous vous imaginez bien quels peuvent être les passe-temps d'une troupe d'enfants qui sont abandonnés à leur caprice.

Vous jugez bien aussi que les Jeux et les Ris,
Dont Vénus fait ses favoris,
Et qui gouvernent son empire,
Ne manquoient pas de jouer et de rire.

LETTRE VII.

A M. DE LA FONTAINE.

Usez, 11 novembre 1661.

J'AI bien vu du pays et j'ai bien voyagé
Depuis que de vos yeux les miens ont pris congé.

Mais tout cela ne m'a pas empêché de songer toujours autant à vous que je faisois, lorsque nous nous voyions tous les jours,

> Avant qu'une fièvre importune
> Nous fit courir même fortune,
> Et nous mit chacun en danger
> De ne plus jamais voyager.

Je ne sais pas sous quelle constellation je vous écris présentement; mais je vous assure que je n'ai point encore fait tant de vers depuis ma maladie : je croyois même en avoir tout-à-fait oublié le métier. Seroit-il possible que les muses eussent plus d'empire en ce pays que sur les rives de la Seine ? Nous le reconnoîtrons dans la suite. Cependant je commencerai à vous dire en prose que mon voyage a été plus heureux que je ne pensois. Nous n'avons eu que deux heures de pluie jusqu'à Lyon. Notre compagnie étoit gaie et assez plaisante : il y avoit trois huguenots, un Anglois, deux Italiens, un conseiller du châtelet, deux secrétaires du roi, et deux de ses mousquetaires; enfin nous étions au nombre de neuf ou dix. Je ne manquois pas tous les soirs de prendre le galop devant les autres pour aller retenir mon lit; car j'avois fort bien retenu cela de M. Botreau, et je lui en suis infiniment obligé : ainsi j'ai toujours été bien couché; et quand je suis arrivé à Lyon, je ne me suis senti non plus fatigué que si du quartier de Sainte-Geneviève j'avois été à celui de la rue Galande.

A Lyon je n'y suis resté que deux jours, et je

m'embarquai sur le Rhône avec deux mousquetaires de notre troupe, qui étoient du Pont-Saint-Esprit. Nous nous embarquâmes, il y a huit jours, dans un vaisseau tout neuf et bien couvert, que nous avions retenu exprès avec le meilleur patron du pays; car il n'y a pas trop de sûreté de se mettre sur le Rhône qu'à bonnes enseignes : néanmoins, comme il n'avoit point plu du tout devers Lyon, le Rhône étant fort bas, il avoit perdu beaucoup de sa rapidité ordinaire.

> On pouvoit sans difficulté
> Voir ses naïades toutes nues,
> Et qui, honteuses d'être vues,
> Pour mieux cacher leur nudité
> Cherchoient des places inconnues.
> Ces nymphes sont de gros rochers,
> Auteurs de mainte sépulture,
> Et dont l'effroyable figure

Fait changer de visage aux plus hardis nochers.

Nous fûmes deux jours sur le Rhône, et nous couchâmes à Vienne et à Valence. J'avois commencé dès Lyon à ne plus guère entendre le langage du pays, et à n'être plus intelligible moi-même. Ce malheur s'accrut à Valence, et Dieu voulut qu'ayant demandé à une servante un pot de chambre, elle mît un réchaud sous mon lit. Vous pouvez vous imaginer les suites de cette maudite aventure, et ce qui peut arriver à un homme endormi qui se sert d'un réchaud dans ses nécessités de nuit. Mais c'est encore bien pis dans ce pays. Je vous jure que j'ai autant besoin d'un interprète, qu'un Moscovite en auroit besoin dans Paris. Néanmoins je commence à m'apercevoir que c'est un langage mêlé d'espagnol et d'italien; et comme j'entends assez bien ces deux langues, j'y ai quelquefois recours pour entendre les autres et pour me faire entendre. Mais il arrive souvent que je perds toutes mes mesures, comme il arriva hier qu'ayant besoin de petits clous à broquette pour ajuster ma chambre, j'envoyai le valet de mon oncle en ville, et lui dis de m'acheter deux ou trois cents de broquettes: il m'apporta incontinent trois bottes d'allumettes. Jugez s'il y a sujet d'enrager en de semblables malentendus; cela iroit à l'infini, si je voulois dire tous les inconvénients qui arrivent aux nouveaux venus en ce pays, comme moi.

Au reste, pour la situation d Uscz, vous saurez qu'elle est sur une montagne fort haute, et cette montagne n'est qu'un rocher continuel, si bien qu'en quelque temps qu'il fasse on peut aller à pied sec tout autour de la ville. Les campagnes qui l'environnent sont toutes couvertes d'oliviers, qui portent les plus belles olives du monde, mais bien trompeuses pourtant; car j'y ai été attrapé moi-même. Je voulus en cueillir quelques unes au premier olivier que je rencontrai, et je les mis dans ma bouche avec le plus grand appétit qu'on puisse avoir; mais Dieu me préserve de sentir jamais une amertume pareille à celle que je sentis! J'en eus la bouche toute perdue plus de quatre heures durant : et l'on m'a appris depuis qu'il falloit bien des lessives et des cérémonies pour rendre les olives douces comme on les mange. L'huile qu'on en tire sert ici de beurre, et j'appréhendois bien ce changement ; mais j'en ai goûté aujourd'hui dans les sauces, et, sans mentir, il n'y a rien de meilleur. On sent bien moins l'huile qu'on ne sentiroit le meilleur beurre de France. Mais c'est assez vous parler d'huile, et vous pourrez me reprocher, plus justement qu'on ne faisoit à un ancien orateur, que mes ouvrages sentent trop l'huile.

Il faut vous entretenir d'autres choses, ou plutôt remettre cela à un autre voyage, pour ne vous pas ennuyer. Je ne me saurois empêcher de vous dire un mot des beautés de cette province. On m'en avoit dit beaucoup de bien à Paris ; mais, sans mentir, on ne m'en avoit encore rien dit au prix de ce qui en est et pour le nombre et pour l'excellence ; il n'y a pas une villageoise, pas une savetière, qui ne disputât de beauté avec les Fouillon et les Menneville. Si le pays, de soi, avoit un peu de délicatesse, et que les rochers y fussent un peu moins fréquents, on le prendroit pour un vrai pays de Cythère. Toutes les femmes y sont éclatantes, et s'y ajustent d'une façon qui leur est la plus naturelle du monde. Et pour ce qui est de leur personne,

Color verus, corpus solidum et succi plenum.

Mais comme c'est la première chose dont on m'a

dit de me donner de garde, je ne veux pas en parler davantage ; aussi-bien ce seroit profaner une maison de bénéficier comme celle où je suis, que d'y faire de longs discours sur cette matière : *Domus mea, domus orationis.* C'est pourquoi vous devez vous attendre que je ne vous en parlerai plus du tout. On m'a dit : soyez aveugle. Si je ne le puis être tout-à-fait, il faut du moins que je sois muet. Car, voyez-vous, il faut être régulier avec les réguliers [1], comme j'ai été loup avec vous, et avec les autres loups vos compères. Adiousias.

LETTRE VIII.

A M. VITART.

Usez, 15 novembre 1661.

Il y a aujourd'hui huit jours que je partis du Pont-Saint-Esprit et que je vins à Usez, où je fus reçu de mon oncle avec toute sorte d'amitié. Il m'a donné une chambre auprès de lui, et il prétend que je le soulagerai un peu dans le grand nombre de ses affaires. Je vous assure qu'il en a beaucoup ; non seulement il fait toutes celles du diocèse, mais il a même l'administration de tous les revenus du

---

[1] Racine étoit chez son oncle, chanoine de Sainte-Geneviève.

chapitre, jusqu'à ce qu'il ait payé quatre-vingt mille livres de dettes, où le chapitre s'est engagé. Il s'y entend tout-à-fait, et il n'y a point de dom Côme¹ dans son affaire. Avec tout cet embarras, il a encore celui de faire bâtir. Il est fort fâché de ce que je n'ai point apporté de démissoire; il m'auroit déjà mené à Avignon pour y prendre la tonsure; et la raison de cela est que le bénéfice qui viendra à vaquer est à sa nomination. Si vous pouviez me faire avoir un démissoire, vous m'obligeriez infiniment; il faudra l'envoyer demander à Soissons. Au reste, nous ne laisserons pas d'aller à Avignon, car mon oncle veut m'acheter des livres, et il veut que j'étudie. Je ne demande pas mieux, et je vous assure que je n'ai pas encore eu la curiosité de voir la ville d'Usez, ni quelque personne que ce soit. Il est bien aise que j'apprenne un peu de théologie dans saint Thomas, et j'en suis tombé d'accord fort volontiers. Enfin, je m'accorde le plus aisément du monde à tout ce qu'il veut : il me témoigne toutes les tendresses possibles. Il me demande tous les jours mon ode de la paix; et non seulement lui, mais tous les chanoines m'en demandent. J'avois négligé d'en apporter des exemplaires : si vous en avez encore, je vous prie d'en faire bien couper les marges et de me les envoyer.

---

¹ Moine dont Racine se plaint encore dans la suite, et qui le traversa dans la recherche d'un bénéfice.

On me fait ici force caresses à cause de mon oncle : il n'y a pas un curé ni maître d'école qui ne m'ait fait le compliment gaillard, auquel je ne saurois répondre que par des révérences, car je n'entends pas le françois de ce pays-ci, et on n'y entend pas le mien; ainsi je tire le pied fort humblement, et je dis, quand tout est fait, *Adiousias*. Je suis marri pourtant de ne les point entendre; car si je continue à ne leur point répondre, j'aurai bientôt la réputation d'un incivil, ou d'un homme non lettré. Je suis perdu si cela est; car en ce pays les civilités sont encore plus en usage qu'en Italie. Je suis épouvanté de voir tous les jours des villageois, pieds-nus, ou ensabotés (ce mot doit bien passer, puisque *encapuchonné* a passé), qui font des révérences comme s'ils avoient appris à danser toute leur vie : outre cela ils causent des mieux; et j'espère que l'air du pays me va raffiner de moitié, car je vous assure qu'on y est fin et délié. J'ai cru qu'il falloit vous instruire de tout ce qui se passe ici : une autre fois j'abuserai moins de votre loisir.

LETTRE IX.

A M. LE VASSEUR.

Usez, 24 novembre 1661.

Je ne me plains pas encore de vous, car je crois bien que c'est tout au plus si vous avez maintenant reçu ma première lettre; mais je ne vous réponds pas que dans huit jours je ne commence à gronder si je ne reçois point de vos nouvelles. Épargnez-moi donc cette peine, je vous supplie, et épargnez-vous à vous-même de grosses injures que je pourrois bien vous dire dans ma mauvaise humeur. *Nam contemptus amor vires habet.*

J'ai été à Nîmes, et il faut que je vous en entretienne. Le chemin d'ici à Nîmes est plus diabolique mille fois que celui des Diables à Nevers, et la rue d'Enfer, et tels autres chemins réprouvés; mais la ville est assurément aussi belle et aussi *polide*, comme on dit ici, qu'il y en ait dans le royaume; il n'y a point de divertissements qui ne s'y trouvent.

Suoni, canti, vestir, giuocchi, vivande,
Quanto può cor pensar, può chieder bocca.

J'allai voir le feu de joie qu'un homme de ma connoissance avoit entrepris. Les jésuites avoient fourni les devises, qui ne valoient rien du tout : ôtez cela, tout alloit bien. Mais je n'y ai pas

pris assez bien garde pour vous en faire le détail ;
j'étois détourné par d'autres spectacles. Il y avoit
tout autour de moi des visages qu'on voyoit à la
lueur des fusées, et dont vous auriez bien eu autant
de peine à vous défendre que j'en avois; il n'y en
avoit pas une à qui vous n'eussiez bien voulu dire
ce compliment d'un galant du temps de Néron :
*Ne fastidias hominem peregrinum inter cultores tuos
admittere: invenies religiosum, si te adorari permiseris.*
Mais pour moi je n'avois garde d'y penser, je ne
les regardois pas même en sûreté [1]; j'étois en la
compagnie d'un révérend père de ce chapitre, qui
n'aimoit point trop à rire,

> E parea più ch' alcun fosse mai stato
> Di conscienza scrupulosa e schiva.

Il falloit être sage avec lui, ou du moins le faire.
Voilà ce que vous auriez trouvé de beau dans
Nîmes; mais j'y trouvai encore d'autres choses qui
me plurent fort, sur-tout les Arènes.

C'est un grand amphithéâtre un peu en ovale,
tout bâti de prodigieuses pierres, longues de deux
toises, qui se tiennent là depuis plus de seize cents
ans sans mortier et par leur seule pesanteur. Il est
tout ouvert en dehors par de grandes arcades, et
en dedans ce ne sont autour que de grands sièges,

---

[1] Plusieurs traits répandus dans ces lettres font voir
que Racine étoit, dans sa jeunesse, fort gai, et toujours
fort sage.

où tout le peuple s'asseyoit pour voir les combats des bêtes et des gladiateurs. Mais c'est assez vous parler de Nîmes et de ses raretés : peut-être même trouverez-vous que j'en ai trop dit; mais de quoi voulez-vous que je vous entretienne? De vous dire qu'il fait ici le plus beau temps du monde? vous ne vous en mettez guère en peine. De vous dire qu'on doit cette semaine créer des consuls? cela vous touche fort peu. Cependant c'est une belle chose de voir le compère Cardeur et le menuisier Gaillard avec la robe rouge, comme un président, donner des arrêts et aller les premiers à l'offrande. Vous ne voyez pas cela à Paris.

A propos de consuls, il faut que je vous parle d'un échevin de Lyon, qui doit l'emporter sur les plus fameux diseurs de quolibets. Je l'allai voir pour avoir un billet de sortie; car sans billet les chaînes du Rhône ne se lèvent point. Il me fit mes dépêches fort gravement; et après, quittant un peu cette gravité magistrale qu'on doit garder en donnant de telles ordonnances, il me demanda : *Quid novi? Que dit-on de l'affaire d'Angleterre?* Je répondis qu'on ne savoit pas encore à quoi le roi se résoudroit. *A faire la guerre,* dit-il, *car il n'est pas parent du père Souffrant.* Je fis bien paroître que je ne l'étois pas non plus; je lui fis la révérence, et le regardai avec un froid qui montroit bien la rage où j'étois de voir un grand quolibetier impuni. Je n'ai pas voulu en enrager tout seul, j'ai voulu que vous me tinssiez compagnie, et c'est pourquoi je vous fais part de cette marauderie. Enragez donc; et si vous ne trouvez point de termes assez forts pour faire des imprécations, dites avec l'emphatiste Brébeuf :

A qui, Dieux tout-puissants qui gouvernez la terre,
A qui réservez-vous les éclats du tonnerre ?

Si vous ne vous hâtez de m'écrire, je vous ferai enrager encore par de semblables nouvelles. Adieu.

LETTRE X.

A MADEMOISELLE VITART.

Uzez, 26 décembre 1661.

Je pensois bien me donner l'honneur de vous écrire il y a huit jours, mais il me fut impossible de le faire; je ne sais pas même si j'en pourrai venir à bout aujourd'hui. Vous saurez, s'il vous plaît, que ce n'est pas à présent une petite affaire pour moi que de vous écrire. Il a été un temps que je le faisois assez exactement, et il ne me falloit pas beaucoup de temps pour faire une lettre assez passable : mais ce temps-là est passé pour moi; il me faut suer sang et eau pour faire quelque chose qui mérite de vous l'adresser, encore sera-ce un grand hasard si j'y réussis. La raison de cela est que je suis un peu plus éloigné de vous que je n'étois lors. Quand je songeois seulement que je n'étois qu'à quatorze ou quinze lieues de vous, cela me mettoit en train, et c'étoit bien autre chose quand je vous voyois en personne; c'étoit alors que les paroles ne me coûtoient rien, et que je causois d'assez bon cœur; au lieu qu'aujourd'hui je ne vous vois qu'en idée : et quoique je songe assez fortement à vous, je ne saurois pourtant empêcher qu'il n'y ait cent cinquante lieues entre vous et votre idée. Ainsi il m'est un peu difficile de m'échauffer; et quand mes lettres seroient assez heureuses pour vous plaire, que me sert cela? J'aimerois mieux recevoir un soufflet, ou un coup de poing de vous, comme cela m'étoit assez ordinaire, qu'un grand merci qui viendroit de si loin. Après tout, il vous faut écrire, et il m'en faut revenir là : mais que vous mander? Sans mentir, je n'en sais rien pour le présent. Faites-moi une grace, donnez-moi temps jusqu'au premier ordinaire pour y songer, et je vous promets de faire merveille; j'y travaillerai plutôt jour et nuit. Aussi-bien vous avez plusieurs affaires; vous avez à préparer le logis au Saint-Esprit [1], qui doit venir dans huit jours à l'hôtel de Luines : travaillez donc à le recevoir comme il mérite, et moi je travaillerai à vous écrire comme vous méritez. Comme ce n'est pas une petite entreprise, vous trouverez bon que je m'y prépare avec un peu de loisir. Ne

---

[1] M. le duc de Chevreuse.

soyez point en colère de ce que j'ai tant tardé à m'acquitter de ce que je vous dois; c'est bien assez que je sois si loin de votre présence, sans me bannir encore de votre esprit.

LETTRE XI.
A M. LE VASSEUR.

Usez, 28 décembre 1661.

Dieu merci, voici de vos lettres. Que vous en êtes devenu grand ménager! J'ai vu que vous étiez libéral, et il ne se passoit guère de semaines, lorsque vous étiez à Bourbon, que vous ne m'écrivissiez une fois ou deux, et non seulement à moi, mais à des gens à qui vous n'aviez presque jamais parlé, tant les lettres vous coûtoient peu. Maintenant elles sont plus clair-semées, et c'est beaucoup d'en recevoir une en deux mois. J'étois très en peine de ce changement, et j'enrageois de voir qu'une si belle amitié se fût ainsi évanouie : *En dextra fidesque!* m'écriois-je.

E'l cor pien di sospir, parea un Mongibello,

lorsqu'heureusement votre lettre m'est venue tirer de toutes ces inquiétudes, et m'a appris que la raison pourquoi vous ne m'écriviez pas, c'est que mes lettres étoient trop belles. Qu'à cela ne tienne, monsieur, il me sera fort aisé d'y remédier; et il m'est si naturel de faire de méchantes lettres, que j'espère, avec la grace de Dieu, venir bientôt à bout de n'en faire pas de trop belles. Vous n'aurez pas sujet de vous plaindre à l'avenir, et j'attends dès à présent des réponses par tous les ordinaires. Mais parlons plus sérieusement; avouez que tout au contraire vous croyez les vôtres trop belles pour être si facilement communiquées à de pauvres provinciaux comme nous. Vous avez raison, sans doute, et c'est ce qui me fâche le plus; car il ne vous est pas aisé, comme à moi, de faire de mauvaises lettres; et ainsi je suis fort en danger de n'en guère recevoir.

Après tout, si vous saviez la manière dont je les reçois, vous verriez qu'elles ne sont pas profanées pour tomber entre mes mains : car, outre que je les reçois avec toute la vénération que méritent les belles choses, c'est qu'elles ne me demeurent pas long-temps, et elles ont le vice dont vous accusez les miennes injustement, qui est de courir les rues; et vous diriez qu'en venant en Languedoc elles se veulent accommoder à l'air du pays; elles se communiquent à tout le monde, et ne craignent point la médisance : aussi savent-elles bien qu'elles en sont à couvert; chacun les veut voir, et on ne les lit pas tant pour apprendre des nouvelles que pour voir la façon dont vous les savez débiter.

Continuez donc, s'il vous plaît, ou plutôt commencez tout de bon à m'écrire, quand ce ne seroit que par charité. Je suis en danger d'oublier bientôt le peu de françois que je sais; je le désapprends tous les jours, et je ne parle tantôt plus que le langage de ce pays, qui est aussi peu françois que le bas breton.[1]

> Ipse mihi videor jam dedidicisse latinè,
>   Nam didici geticè sarmaticèque loqui.

J'ai cru qu'Ovide vous faisoit pitié quand vous songiez qu'un si galant homme que lui étoit obligé à parler scythe lorsqu'il étoit relégué parmi ces barbares; cependant il s'en faut beaucoup qu'il fût si à plaindre que moi. Ovide possédoit si bien toute l'élégance romaine, qu'il ne la pouvoit jamais oublier; et quand il seroit revenu à Rome après un exil de vingt années, il auroit toujours fait taire les plus beaux esprits de la cour d'Auguste : au lieu que, n'ayant qu'une petite teinture du bon françois, je suis en danger de tout perdre en moins de six mois, et de n'être plus intelligible si je reviens jamais à Paris. Quel plaisir aurez-vous quand je serai devenu le plus grand paysan du monde? Vous ferez bien mieux de m'entretenir un peu dans le langage qu'on parle à Paris : vos lettres me tiendront lieu de livres et d'académie.

---

[1] Ces plaintes, l'exactitude de l'orthographe de ces lettres écrites à la hâte, les coups de crayon qu'on trouve de lui sur les remarques et le Quinte-Curce de Vaugelas, prouvent combien il avoit à cœur de bien posséder la langue françoise.

Mais à propos d'académie, que le pauvre Pelisson est à plaindre, et que la conciergerie est un méchant poste pour un bel esprit! Tous les beaux esprits du monde ne devroient-ils pas faire une solennelle députation au roi pour demander sa grace? Les Muses elles-mêmes ne devroient-elles pas se rendre visibles afin de solliciter pour lui?

Nec vos, Pierides, nec stirps Latonia, vestro
   Docta sacerdoti turba tulistis opem!

Mais on voit peu de gens que la protection des Muses ait sauvés des mains de la justice : il eût mieux valu pour lui qu'il ne se fût jamais mêlé que de belles choses, et la condition de roitelet en laquelle il s'étoit métamorphosé lui eût été bien plus avantageuse que celle de financier. Cela doit apprendre à M. l'Avocat[1] que le *solide* n'est pas toujours le plus sûr, puisque M. Pelisson ne s'est perdu que pour l'avoir préféré au *creux :* et sans mentir, quoiqu'il fasse bien *creux* sur le Parnasse, on y est pourtant plus à son aise que dans la conciergerie : et il n'y a point de plaisir d'avoir place dans les histoires tragiques, dussent-elles être écrites de la main de M. Pelisson lui-même.

Je salue M. l'Avocat, et je diffère de lui écrire, afin de laisser un peu passer ce reste de mauvaise humeur que sa maladie lui a laissé, et qui lui feroit peut-être maltraiter les lettres que je lui enverrois.

---

[1] Racine en veut toujours à ce M. l'Avocat, qui avoit sans cesse à la bouche le mot de *creux*.

Il n'y a point de plaisir d'écrire à des gens qui sont encore dans les remèdes, et c'est trop exposer des lettres. Je salue très humblement toute votre maison, *ipsa ante alias pulcherrima Dido*.

Nous savons la naissance du dauphin. J'aurois peut-être chanté quelque chose de nouveau sur cette matière si j'eusse été à Paris; mais ici je n'ai pu chanter rien que le *Te Deum*. Mandez-moi, s'il vous plaît, qui aura le mieux réussi de tous les chantres du Parnasse. Je ne doute pas qu'ils n'emploient tout le crédit qu'ils ont auprès des Muses pour en recevoir de belles et magnifiques inspirations. Si elles continuent à vous favoriser, comme elles avoient commencé à Bourbon, faites quelque chose.

Incipe, si quid habes; et te fecêre poëtam
Pierides.

LETTRE XII.

A M. VITART.

Uzez, les 17 et 24 janvier 1662.

Les plus beaux jours que vous donne le printemps ne valent pas ceux que l'hiver nous laisse ici, et jamais le mois de mai ne vous paroît si agréable que l'est pour nous le mois de janvier.

Le soleil est toujours riant,
Depuis qu'il part de l'orient

Pour venir éclairer le monde,
Jusqu'à ce que son char soit descendu dans l'onde.

La vapeur des brouillards ne voile point les cieux ;
Tous les matins un vent officieux
En écarte toutes les nues :
Ainsi nos jours ne sont jamais couverts ;
Et, dans le plus fort des hivers,
Nos campagnes sont revêtues
De fleurs et d'arbres toujours verts.

Les ruisseaux respectent leurs rives ;
Et leurs naïades fugitives,
Sans sortir de leur lit natal,
Errent paisiblement, et ne sont point captives
Sous une prison de cristal.

Tous nos oiseaux chantent à l'ordinaire,
Leurs gosiers n'étant point glacés ;
Et n'étant pas forcés
De se cacher ou de se taire,
Ils font l'amour en liberté
L'hiver comme l'été.

Enfin, lorsque la nuit a déployé ses voiles,
La lune, au visage changeant,
Paroît sur un trône d'argent,
Et tient cercle avec les étoiles ;
Le ciel est toujours clair tant que dure son cours,
Et nous avons des nuits plus belles que vos jours.

J'ai fait une assez longue pause en cet endroit, parceque, lorsque j'écrivois ces vers, il y a huit jours, la chaleur de la poésie m'emporta si loin, que je ne m'aperçus pas qu'il étoit trop tard pour porter mes lettres à la poste. Je recommence aujourd'hui 24 janvier : mais il est arrivé un assez plaisant changement, car en relisant mes vers je reconnois qu'il n'y en a pas un de vrai; il ne cesse de pleuvoir depuis trois jours, et l'on diroit que le temps a juré de me faire mentir. J'aurois autant sujet de faire une description du mauvais temps comme j'en ai fait une du beau; mais j'ai peur que je ne m'engage encore si avant que je ne puisse achever cette lettre que dans huit jours, auquel temps peut-être le ciel se sera remis au beau. Je n'aurois jamais fait : cela m'apprend que cette maxime est bien vraie, *La vita al fin, il di loda la sera.*

Cette ville est la plus maudite ville du monde. Les habitants ne travaillent à autre chose qu'à se tuer tous tant qu'ils sont, ou à se faire pendre : il y a toujours ici des commissaires; cela est cause que je n'y veux faire aucune connoissance, puisqu'en faisant un ami je m'attirerois cent ennemis. Ce n'est pas qu'on ne m'ait pressé plusieurs fois, et qu'on ne soit venu me solliciter, moi indigne, de venir dans les compagnies; car on a trouvé mon ode [1] chez une dame de la ville, et on est venu me saluer comme auteur; mais tout cela ne sert de rien, *mens immota manet.* Je n'aurois jamais cru

---

[1] La Nymphe de la Seine.

être capable d'une si grande solitude, et vous-même n'aviez jamais tant espéré de ma vertu.

Je passe tout le temps avec mon oncle, avec saint Thomas et Virgile; je fais force extraits de théologie, et quelques uns de poésie. Voilà comme je passe le temps; et je ne m'ennuie pas, sur-tout quand j'ai reçu quelque lettre de vous; elle me sert de compagnie pendant deux jours.

Mon oncle a toutes sortes de bons desseins pour moi; mais il n'en a point encore d'assuré, parceque les affaires du chapitre sont encore incertaines. J'attends toujours un démissoire. Cependant il m'a fait habiller de noir depuis les pieds jusqu'à la tête. La mode de ce pays est de porter un drap d'Espagne qui est fort beau, et qui coûte vingt-trois livres; il m'en a fait faire un habit. J'ai maintenant la mine d'un des meilleurs bourgeois de la ville. Il attend toujours l'occasion de me pourvoir de quelque chose; et ce sera alors que je tâcherai de payer une partie de mes dettes, si je puis, car je ne puis rien faire avant ce temps. Je me remets devant les yeux toutes les importunités que vous avez reçues de moi; j'en rougis à l'heure que je vous parle : *erubuit puer, salva res est*. Mais mes affaires n'en vont pas mieux, et cette sentence est bien fausse, si ce n'est que vous vouliez prendre cette rougeur pour reconnoissance de tout ce que je vous dois, dont je me souviendrai toute ma vie.

LETTRE XIII.
A MADEMOISELLE VITART.

Usez, 24 janvier 1662.

Ce billet n'est qu'une continuation de promesses et une nouvelle obligation. Je m'étois engagé de vous écrire une lettre raisonnable, et après quinze jours d'intervalle je suis si malheureux que de n'y pouvoir satisfaire encore aujourd'hui, et je suis obligé de remettre à un autre jour. Toutes ces remises ne sont pour moi qu'un surcroît de dettes dont il me sera fort difficile de m'acquitter : car vous attendez peut-être de recevoir quelque chose de beau, puisque je prends tant de temps pour m'y préparer. Ayez la charité de perdre cette opinion, et de vous attendre plutôt à être fort mal payée, car je vous ai déjà avertie que je suis un très mauvais payeur. Quand je n'étois pas si loin de vous, je vous payois assez bien, ou du moins je le pouvois faire, car vous me fournissiez assez libéralement de quoi m'acquitter envers vous, j'entends de paroles : vous êtes trop riche, et moi trop pauvre pour vous pouvoir payer d'autre chose. Cela veut dire

> Que j'ai perdu tout mon caquet,
> Moi qui savois fort bien écrire,
> Et jaser comme un perroquet

Mais quand je saurois encore jaser des mieux, il faut que je me taise à présent : le messager va partir, et il ne faut pas faire attendre le messager d'une grande ville comme est Usez. Pardonnez donc, et attendez encore huit jours.

LETTRE XIV.

A LA MÊME

Usez, 31 janvier 1662.

Que votre colère est charmante,
Belle et généreuse Amarante !
Qu'il vous sied bien d'être en courroux !
Si les Graces jamais se mettoient en colère,
Le pourroient-elles faire
De meilleure grace que vous ?

Je confesse sincèrement
Que je vous avois offensée,
Et cette cruelle pensée
M'étoit un horrible tourment.
Mais depuis que vous-même en avez pris vengeance,
Un si glorieux châtiment
Me paroît une récompense.

Les reproches mêmes sont doux,
Venant d'une bouche si chère ;

Mais si je méritois d'être loué de vous,
Et que je fusse un jour capable de vous plaire,
  Combien ferois-je de jaloux!

Je m'en vais donc faire tout mon possible pour venir à bout d'un si grand dessein. Je serai heureux si vous pouvez vous louer de moi avec autant de justice que vous vous en plaignez; et je ferois de mon côté un fort bel ouvrage si je savois dire vos vertus avec autant d'esprit que vous dites les miennes. Je ne vous accuserai point de me flatter : vous les dites au naïf. Je me figure que vous parlez de même à M. Le Vasseur, et que vous savez également peindre cet amoureux admirant le portrait de sa belle.

  Je me l'imagine en effet,
  Tout languissant et tout défait,
Qui gémit et soupire aux pieds de cette image.
  Il contemple son beau visage,
Il admire ses mains, il adore ses yeux,
  Il idolâtre tout l'ouvrage.
Puis, comme si l'Amour le rendoit furieux,
Je l'entends s'écrier : Que cette image est belle!
Mais que la belle même est bien plus belle qu'elle!
  Le peintre n'a bien imité
  Que son insensibilité.

J'ai peine à croire que vous ayez assez de puissance pour rompre ce charme, vous qui étiez ac-

coutumée à le charmer lui-même autrefois, aussi-
bien que beaucoup d'autres. Possédé comme il
l'est de cette idée, il ne faut pas s'étonner s'il a
voulu marier M. d'Houy avec une fille hydro-
pique : il n'y pensoit pas, à moins qu'il n'ait voulu
marier l'eau avec le vin.

On m'a mandé que ma tante Vitart étoit allée à
Chevreuse : je crois qu'elle ne reposera pas de
long-temps si elle attend que vous vous reposiez
toutes. Peut-être qu'autrefois je n'en aurois pas
tant dit impunément ; mais je suis à couvert des
coups : vous pouvez néanmoins vous adresser à
mon lieutenant M. d'Houy ; il ne tiendra pas cette
qualité à déshonneur.

Vous m'avez mis en train, comme vous voyez,
et vos lettres ont sur moi la force qu'avoit autrefois
votre vue : mais je suis obligé de finir plus tôt que
je ne voudrois, parceque j'ai encore cinq lettres à
écrire. J'espère que vous me donnerez, en vertu
de ces cinq lettres, la permission de finir ; et, en
vertu de la soumission et du respect que j'ai pour
vous, la permission de me dire votre passionné
serviteur.

Vous m'excuserez si j'ai plus brouillé de papier à dire de méchantes choses que vous n'en
aviez employé à écrire les plus belles choses du
monde.

LETTRE XV.

A M. LE VASSEUR.

Uses, 3 février 1662.

J'AVOUE que ma réponse ne vient que huit jours après votre lettre. Mais à quoi bon m'excuser pour un délai de huit jours ? Vous ne faites point tant de cérémonies quand vous avez été deux mois sans songer seulement si je suis au monde. C'est assez pour vous de dire froidement que vous avez perdu la moitié de votre esprit depuis que je ne suis plus en votre compagnie. Mais à d'autres : il faudroit que j'eusse perdu tout le mien si je recevois de telles galanteries en paiement. Je sais ce qui vous occupe si fort, et ce qui vous fait oublier de pauvres étrangers comme nous. *Amor non talia curat* : oui, c'est cela même qui vous occupe :

Amor, che solo i cor' leggiadri invesce;

et je ne m'étonne pas qu'un cœur si tendre que le vôtre, et si disposé à recevoir les douces impressions de l'amour, soit enchanté d'une si belle personne.

    Socrate s'y trouveroit pris ;
    Et, malgré sa philosophie,
    Il feroit ce qu'a fait Pâris,
    Et le feroit toute sa vie.

Je n'ai pas peur que vous vous lassiez de voir tant de vers dans une seule lettre. *Te amor nostri poëtarum amantem reddidit.*

Loin de trouver à redire à votre amour, je vous loue d'un si beau choix, et d'aimer avec tant de discernement, s'il peut y avoir du discernement en amour. Vous êtes bien éloigné de vous ennuyer comme moi; l'amour vous tient bonne compagnie. Il ne me fait pas tant d'honneur, quoique j'aie assez besoin de compagnie en ce pays : mais j'aime mieux être seul que d'avoir un hôte si dangereux.

Je suis confiné dans un pays qui a quelque chose de moins sociable que le Pont-Euxin ; le sens commun y est rare, et la fidélité n'y est point du tout; il ne faut qu'un quart d'heure de conversation pour vous faire haïr un homme: aussi, quoiqu'on m'ait souvent pressé d'aller en compagnie, je ne me suis point encore produit; il n'y a ici personne pour moi. *Non homo, sed littus, atque oër, et solitudo mera.* Jugez si vos lettres seront bien reçues. Mais vous êtes attaché ailleurs.

Il cor preso ivi come pesce all' hamo.

LETTRE XVI.

AU MÊME.

Usez, 28 mars 1662.

On ne parle ici que de la merveilleuse conduite du roi, du grand ménage de M. Colbert, et du procès de M. Fouquet : cependant vous ne m'en mandez rien du tout; mais, pour vous dire le vrai, j'aime encore mieux que vous me mandiez de vos nouvelles particulières.

J'ai eu tout le loisir de lire l'ode de M. Perrault : aussi l'ai-je relue plusieurs fois; et néanmoins j'ai eu bien de la peine à y reconnoître son style, et je ne croirois pas encore qu'elle fût de lui si vous ne m'en assuriez. Il m'a semblé que je n'y trouvois point cette facilité naturelle qu'il avoit à s'exprimer; je n'y ai point vu, ce me semble, aucune trace d'un esprit aussi net que le sien m'a toujours paru, et j'eusse gagé que cette ode avoit été taillée comme à coups de marteau par un homme qui n'avoit jamais fait que de méchants vers. Mais je crois que l'esprit de M. Perrault est toujours le même, et que le sujet seulement lui a manqué : car en effet il y a long-temps que Cicéron a dit que c'étoit une matière bien stérile que l'éloge d'un enfant en qui l'on ne pouvoit louer que l'espérance;

et toutes ces espérances sont tellement vagues, qu'elles ne peuvent fournir des pensées solides. Mais je m'oublie ici, et je ne songe pas que je dis cela à un homme qui s'y entend mieux que moi. Si je juge mal, et que mes pensées soient éloignées des vôtres, remettez cela sur la barbarie de ce pays, et sur ma longue absence de Paris, qui, m'ayant séparé de vous, m'a peut-être entièrement privé de la bonne connoissance des choses.

Je vous dirai pourtant encore qu'il y a un endroit où j'ai reconnu M. Perrault; c'est lorsqu'il parle de Josué, et qu'il amène là l'Écriture sainte. Je lui ai dit une fois qu'il mettoit trop la Bible en jeu dans ses poésies; mais il me dit qu'il la lisoit fort, et qu'il ne pouvoit s'empêcher d'en insérer quelque passage. Pour moi je crois que la lecture en est fort bonne, mais que la citation convient mieux à un prédicateur qu'à un poëte.

Je vous envoie ma pièce [1], dont on approuve le dessein et la conduite. Je n'ose dire qu'elle est bien, que vous ne me l'ayez mandé : écrivez-moi en détail ce que vous jugerez des Graces, des Amours, et de toute la cour de Vénus qui y est dépeinte. Si vous la montrez, ne m'en dites point l'auteur; mon nom fait tort à tout ce que je fais : mais montrez-

---

[1] C'est la pièce dont il est parlé dans la lettre suivante, et qu'il avoit intitulée *les Bains de Vénus*, pièce très inconnue, et qu'il a sans doute supprimée dans la suite.

moi ce que c'est qu'un ami [1] en me découvrant tout votre cœur.

LETTRE XVII.
AU MÊME.

Usez, 30 avril 1662.

Je ne vous demandois pas des louanges quand je vous ai envoyé ce petit ouvrage des *Bains de Vénus*, mais je vous demandois votre sentiment; cependant vous vous êtes contenté de dire, comme ce flatteur d'Horace, *pulchrè, benè, rectè* : et Horace dit fort bien qu'on loue ainsi les méchants ouvrages, parcequ'il y a tant de choses à reprendre, qu'on aime mieux tout louer que d'examiner. Vous m'avez traité de la sorte, et vous me louez comme un vrai demi-auteur qui a plus de mauvais endroits que de bons. Soyez un peu plus équitable, ou plutôt ne soyez pas si paresseux ; vous avez peur de tirer une lettre en longueur.

Vous me soupçonnez d'amour : croyez que si j'avois reçu quelque blessure en ce pays, je vous la découvrirois naïvement, et je ne pourrois pas

---

[1] On voit avec quelle ardeur il souhaite un critique sincère de ses ouvrages ; il le trouva bientôt en faisant connoissance avec Boileau.

même m'en empêcher. Vous savez que les blessures du cœur demandent toujours quelque confident à qui l'on puisse s'en plaindre; et si j'en avois une de cette nature, je ne m'en plaindrois jamais qu'à vous. Mais, Dieu merci, je suis libre encore [1]; et si je quittois ce pays, je reporterois mon cœur aussi sain et aussi entier que je l'ai apporté : je vous dirai pourtant une assez plaisante rencontre à ce sujet.

Il y a ici une demoiselle fort bien faite et d'une taille fort avantageuse; elle passe pour une des plus sages, et je connois beaucoup de jeunes gens qui soupirent pour elle du fond de leur cœur. Je ne l'avois jamais vue que de cinq ou six pas, et je l'avois toujours trouvée fort belle; son teint me paroissoit vif et éclatant, les yeux grands et d'un beau noir. J'en avois toujours quelque idée assez tendre et assez approchante d'une inclination; mais je ne la voyois qu'à l'église, car je suis très solitaire. Enfin je voulus voir si je n'étois point trompé dans l'idée que j'avois d'elle, et j'en trouvai une occasion fort honnête. Je m'approchai d'elle, et lui parlai; je n'avois d'autre dessein que de voir quelle réponse elle me feroit. Elle me répondit d'un air fort doux et fort obligeant : mais en l'envisageant je fus fort interdit, je remarquai sur son visage des taches

---

[1] C'est ce qu'il a pu toujours dire, malgré la vivacité de son caractère; l'amour de l'étude l'a sauvé des dangers.

comme si elle relevoit de maladie, et cela changea bien mes idées. Je fus bien aise de cette rencontre, qui servit du moins à me délivrer de quelque commencement d'inquiétude; car je m'étudie maintenant à vivre un peu plus raisonnablement[1], et à ne me pas laisser emporter à toutes sortes d'objets. Je commence mon noviciat ; cependant je vois que je n'ai plus à prétendre ici que quelque chapelle de vingt ou vingt-cinq écus : voyez si cela vaut la peine que je prends : néanmoins je suis résolu de mener toujours le même train de vie, et d'y demeurer jusqu'à ce qu'on me retire pour quelque meilleure espérance. Je gagnerai cela du moins, que j'étudierai davantage, et que j'apprendrai à me contraindre; ce que je ne savois point du tout.

Je ne sais si mon malheur nuira encore à la négociation qu'on entreprend pour le bénéfice d'Ouchies; il semble que je gâte les affaires où je suis intéressé. Quoi qu'il en soit, croyez que si l'on me procure quelque chose, *Urbem quam statuo vestra est.*

---

[1] Ce qu'il dit ici, et ce qui suit, fait voir que, quoique fort jeune, il pensoit solidement, connoissoit le danger des passions, l'avantage de l'étude, et la nécessité d'apprendre à se contraindre.

LETTRE XVIII.
A MADEMOISELLE VITART.

Uzez, 15 mai 1662.

Je suis donc tout-à-fait disgracié auprès de vous ; depuis plus de trois mois vous n'avez pas donné la moindre marque que vous me connoissiez seulement. Pour quelle raison votre bonne volonté s'est-elle sitôt éteinte ? Je fondois ma plus grande consolation sur les lettres que je pourrois recevoir quelquefois de vous, et une seule par mois auroit suffi pour me tenir dans la meilleure humeur du monde ; et, dans cette belle humeur, je vous aurois écrit mille belles choses ; les vers ne m'auroient rien coûté, et vos lettres m'auroient inspiré un génie extraordinaire ; c'est pourquoi, si je ne fais rien qui vaille, prenez-vous-en à vous-même. On dit que vous allez passer les fêtes à la campagne avec bonne compagnie : je ne m'attends pas à les passer si à mon aise.

> J'irai parmi les oliviers,
>   Les chênes verts et les figuiers,
> Chercher quelque remède à mon inquiétude :
>   Je chercherai la solitude ;
>   Et ne pouvant être avec vous,
> Les lieux les plus affreux me seront les plus doux.

Excusez si je ne vous écris pas davantage; car en l'état où je suis je ne saurois vous écrire que pour me plaindre, et c'est un sujet qui ne vous plairoit pas: donnez-moi lieu de vous remercier, et je m'étendrai plus volontiers sur cette matière. Aussi-bien je ne vous demande pas des choses trop déraisonnables, ce me semble, en vous priant d'écrire une ou deux lignes par charité. Vous écrivez si bien et si facilement quand vous voulez! Tout iroit bien pour moi si vous me vouliez autant de bien que vous m'en pourriez faire, comme au contraire je ne puis vous témoigner le respect que j'ai pour vous autant que je le voudrois bien.

LETTRE XIX.
A M. LE VASSEUR.

Uzez, 16 mai 1662.

Quoique je me plaise beaucoup à causer avec vous, je ne le puis faire néanmoins fort au long; car j'ai eu cette après-dînée une visite d'un jeune homme de cette ville fort bien fait, mais passionnément amoureux. Vous saurez qu'en ce pays-ci on ne voit guère d'amours médiocres; toutes les passions y sont démesurées; et les esprits de cette ville [1], qui sont assez légers en d'autres choses,

---

[1] On ne doit attribuer la manière peu avantageuse dont

s'engagent plus fortement dans leurs inclinations qu'en aucun autre pays du monde. Cependant, excepté trois ou quatre personnes qui sont belles, on n'y voit presque que des beautés fort communes. La sienne est des premières; il m'en est venu parler fort au long, et m'a montré des lettres, des discours, et même des vers, sans quoi ils croient que l'amour ne sauroit aller. Cependant j'aimerois mieux faire l'amour en bonne prose que de le faire en méchants vers; mais ils ne peuvent s'y résoudre, et ils veulent être poëtes à quelque prix que ce soit. Pour mon malheur ils croient que j'en suis un, et ils me font juge de tous leurs ouvrages. Vous pouvez croire que je n'ai pas peu à souffrir; car le moyen d'avoir les oreilles battues de tant de mauvaises choses, et d'être obligé de dire qu'elles sont bonnes! J'ai un peu appris à me contraindre et à faire beaucoup de révérences et de compliments à la mode de ce pays-ci. Adieu, mon cher ami, et, comme dit l'Espagnol, *antes muerto que mudado.*

---

il parle, dans ces lettres, de la ville d'Usez, qu'à la vivacité d'un jeune homme qui s'ennuyoit dans un lieu si éloigné de Paris.

LETTRE XX.

A M. VITART.

Uzez, 16 mai 1662.

Je ne vous renouvelle point les protestations d'être honnête homme et très reconnoissant; vous avez assez de bonté pour n'en point douter. Je vous remercie de la peine que vous avez prise de m'envoyer un démissoire; je ne l'aurois jamais eu si je ne l'eusse reçu que de dom Côme : ses misérables lettres font perdre toute espérance à mon oncle.

J'écrirai à ma tante la religieuse puisque vous le voulez : si je ne l'ai point encore fait, vous devez m'excuser, et elle aussi ; car que puis-je lui mander? C'est bien assez de faire l'hypocrite, sans le faire encore par lettres, où il ne faut parler que de dévotion, et ne faire autre chose que de se recommander aux prières. Ce n'est pas que je n'en aie bon besoin[1], mais je voudrois qu'on en fît pour moi sans être obligé d'en tant demander. Si

---

[1] On voit un jeune homme un peu éloigné de la dévotion, mais dont le cœur n'est pas gâté. Il sent bien qu'il a tort, et c'est pour cela qu'il a de la répugnance à écrire à sa tante de Port-Royal.

Dieu veut que je sois prieur, j'en ferai pour les autres autant qu'on en aura fait pour moi.

On tâche ici de me débaucher pour me mener en compagnie. Quoique je n'aime pas à refuser, je me tiens pourtant sur la négative, et je ne sors point; je m'en console avec mes livres : comme on sait que je m'y plais, on m'en apporte tous les jours de grecs, d'espagnols et de toutes les langues. Pour la composition, je ne puis m'y mettre. *Aut libris me delecto, quorum habeo festivam copiam, aut te cogito. A scribendo prorsùs abhorret animus.* Cicéron mandoit cela à Atticus ; mais j'ai une raison particulière de ne point composer : je suis trop embarrassé du mauvais succès de mes affaires, et cette inquiétude sèche toutes les pensées de vers.

LETTRE XXI.

AU MÊME.

Usez, 30 mai 1662.

Mon oncle, qui veut traiter son évêque dans un grand appareil, est allé à Avignon pour acheter ce qu'on ne pourroit trouver ici, et il m'a laissé la charge de pourvoir cependant à toutes choses. J'ai de fort beaux emplois, comme vous voyez, et je sais quelque chose de plus que manger ma soupe, puisque je la sais faire apprêter. J'ai appris ce qu'il faut donner au premier, au second et au troisième service, les entremêts qu'il y faut mêler, et encore quelque chose de plus ; car nous prétendons faire un festin à quatre services, sans compter le dessert. J'ai la tête si remplie de toutes ces belles choses, que je vous en pourrois faire un long entretien ; mais c'est une matière trop creuse sur le papier, outre que, n'étant pas bien confirmé dans cette science, je pourrois bien faire quelque pas de clerc si j'en parlois encore long-temps.

Je ne vous prie plus de m'envoyer les Lettres Provinciales. Nos moines sont de sots ignorants qui n'étudient point du tout ; aussi je ne les vois jamais, et j'ai conçu une certaine horreur pour cette vie fainéante de moines que je ne pourrai pas bien dissimuler. Pour mon oncle, il est fort sage, fort habile homme, peu moine, et grand théologien. On parle beaucoup d'un évêque qui est adoré dans cette province ; M. le prince de Conti[1] va faire ses pâques chez lui.

Je vous dirai une petite histoire assez étrange. Une jeune fille d'Usez, qui logeoit assez près de chez nous, s'empoisonna hier elle-même avec de l'arsenic, pour se venger de son père qui l'avoit querellée trop rudement : du reste elle étoit très sage. Telle est l'humeur des gens de ce pays-ci ; ils portent les passions jusqu'au dernier excès.

---

[1] Il étoit gouverneur du Languedoc.

Je suis fort serviteur de la belle Manon,
 Et de la petite Nanon ;
 Car je crois que c'est là le nom
 Dont on nomma votre seconde :
Et je salue aussi ce beau petit mignon
 Qui doit bientôt venir au monde.

LETTRE XXII.

AU MÊME.

Usez, 6 juin 1662.

Mon oncle est encore malade, ce qui me touche sensiblement ; car je vois que ses maladies ne viennent que d'inquiétude et d'accablement : il a mille affaires, toutes embarrassantes ; il a payé plus de trente mille livres de dettes, et il en découvre tous les jours de nouvelles : vous diriez que nos moines avoient pris plaisir à se ruiner. Quoique mon oncle se tue pour eux, il reconnoît de plus en plus leur mauvaise volonté ; et avec cela il faut qu'il dissimule tout. M. d'Usez témoigne toute sorte de confiance en lui ; mais il n'en attend rien : cet évêque a des gens affamés à qui il donne tout. Mon oncle est si lassé de tant d'embarras, qu'il me pressa hier de recevoir son bénéfice par résignation. Cela me fit trembler, voyant l'état où sont les af-

que de s'engager dans des procès, et au bout du compte demeurer moine sans titre et sans liberté, que lui-même est le premier à m'en détourner, outre que je n'ai pas l'âge, parcequ'il faut être prêtre: car, quoiqu'une dispense soit aisée, ce seroit nouvelle matière de procès. Enfin il en vient jusque-là qu'il voudroit trouver un bénéficier séculier qui voulût de son bénéfice, à condition de me résigner celui qu'il auroit. Il est résolu de me mener à Avignon pour me faire tonsurer, afin qu'en tout cas, s'il vient quelque chapelle, il la puisse impétrer. S'il venoit à vaquer quelque chose dans votre district, souvenez-vous de moi. Je crois qu'on n'en murmurera pas à Port-Royal, puisqu'on voit bien que je suis ici dévoué à l'église. Excusez si je vous importune, mais vous y êtes accoutumé.

LETTRE XXIII.

AU MÊME.

Usez, 13 juin 1662.

J'écrivis la semaine passée à dom Côme pour le disposer à vous abandonner le bénéfice: il répond qu'il est à sa bienséance. Il seroit à ma bienséance autant qu'à la sienne. La méchante condition que d'avoir affaire à dom Côme! je crois que cet homme-là est né pour ruiner toutes mes affaires.

On fait ici la moisson : on voit un tas de moissonneurs, rôtis du soleil, qui travaillent comme des démons ; et quand ils sont hors d'haleine, ils se jettent à terre au soleil même, dorment un moment, et se relèvent aussitôt. Je ne vois cela que de mes fenêtres ; je ne pourrois être un moment dehors sans mourir, l'air est aussi chaud que dans un four allumé. Pour m'achever, je suis tout le jour étourdi d'une infinité de cigales, qui ne font que chanter de tous côtés, mais d'un chant le plus perçant et le plus importun du monde. Si j'avois autant d'autorité sur elles qu'en avoit le bon saint François, je ne leur dirois pas comme lui : *Chantez, ma sœur la cigale;* mais je les prierois bien fort de s'en aller faire un tour jusqu'à la Ferté-Milon, si vous y êtes encore, pour vous faire part d'une si belle harmonie.

Notre évêque a toujours son projet de réforme ; mais il appréhende d'aliéner les esprits de la province : il se voit déjà désert, ce qui le fâche ; il reconnoît bien qu'on ne fait la cour dans ce pays-ci qu'à ceux dont on attend du bien. S'il établit une fois la réforme, il sera abandonné même de ses valets. On lui impute qu'il aime à dominer, et qu'il aime mieux avoir dans son église des moines dont il prétend disposer, quoique peut-être il se trompe, que des chanoines séculiers qui le portent un peu plus haut. Les politiques en ces sortes d'affaires disent que les particuliers sont plus maniables qu'une communauté, et que les moines n'ont pas toute déférence pour les évêques.

LETTRE XXIV.
A M. LE VASSEUR.

Usez, 4 juillet 1662.

Que vous tenez bien votre gravité espagnole! Il paroît bien qu'en apprenant cette langue vous avez pris un peu de l'humeur de la nation. Vous n'allez plus qu'à pas comptés, et vous écrivez une lettre en trois mois. Je ne vous ferai pas davantage de reproches, quoique j'eusse bien résolu ce matin de vous en faire. J'avois étudié tout ce qu'il y a de plus rude et de plus injurieux dans les cinq langues que vous aimez; mais votre lettre est arrivée à midi, et m'a fait perdre la moitié de ma colère. N'êtes-vous pas fort plaisant avec vos cinq langues? Vous voudriez justement que mes lettres fussent des Calepins, et encore des lettres galantes pour amuser vos dames. Ne croyez pas que ma bibliothèque soit fort grosse : le nombre de mes livres est très-borné, encore ne sont-ce pas des livres à conter fleurettes : ce sont des sommes de théologie latine, des méditations espagnoles, des histoires italiennes, des pères grecs, et pas un françois; voyez
G.

où je trouverois quelque chose d'agréable à vos belles.

Entretenez toujours mademoiselle Vitart dans l'humeur de recevoir mes lettres; je crains bien qu'elle ne s'en ennuie, *porque mi razones no deven ser manjar para tan subtil entendimiento como el suyo.*

M. de La Fontaine m'a écrit, et me mande force nouvelles de poésie, et sur-tout de pièces de théâtre. Je m'étonne que vous ne m'en disiez pas un mot. Il m'exhorte à faire des vers, je lui en envoie aujourd'hui : mandez-moi ce que vous en penserez; et ne me payez pas d'exclamations, autrement je n'enverrai jamais rien. Faites des vers vous-même, et vous verrez si je ne vous manderai pas au long tout ce que j'en pourrai dire. Envoyez mes *Bains de Vénus* à M. de La Fontaine.

Mes affaires n'avancent point, ce qui me désespère. Je cherche quelque sujet de théâtre, et je serois assez disposé à y travailler; mais j'ai trop de sujet d'être mélancolique, et il faut avoir l'esprit plus libre que je ne l'ai : aussi-bien je n'aurois pas ici une personne comme vous pour me secourir. Et s'il faut un passage latin pour vous mieux exprimer cela, je n'en saurois trouver un plus propre que celui-ci : *Nihil mihi nunc scito tam deesse quàm hominem eum quicum omnia quæ me curâ aliquâ afficiunt unâ communicem, qui me amet, qui sapiat, quicum ego colloquar, nihil fingam, nihil dissimulem, nihil obtegam,* etc. Quand Cicéron eût été à Usez, et que vous eussiez été à la place d'Atticus, eût-il pu parler autrement?

Je vous dirai, pour finir par l'endroit de votre lettre qui m'a le plus satisfait, que j'ai pris une part véritable à la paix de votre famille; et je vous assure que, quand je serois réconcilié avec mon propre père, si j'en avois encore un, je n'aurois pas été plus aise qu'en apprenant que vous étiez remis parfaitement avec le vôtre, parceque je suis persuadé que vous vous en estimez parfaitement heureux. Adieu.

LETTRE XXV.

A M. VITART.

Uzez, 9 juillet 1662.

Votre lettre m'a fait un grand bien, et je passerois assez doucement mon temps si j'en recevois souvent de pareilles. Je ne sache rien qui me puisse mieux consoler de mon éloignement de Paris; je m'imagine même être au milieu du Parnasse, tant vous me décrivez agréablement tout ce qui s'y passe de plus mémorable. Mais je m'en trouve fort éloigné; et c'est se moquer de moi que de me porter, comme vous faites, à y retourner: je n'y ai pas fait assez de voyages pour en retenir le chemin; et ne m'en souvenant plus, qui pourroit m'y remettre en ce pays-ci ? J'aurois beau invoquer les Muses, elles sont trop loin pour m'entendre ; elles sont toujours occupées auprès de vous autres messieurs de Paris, et il arrive rarement qu'elles viennent dans les provinces : on dit même qu'elles ont fait serment de n'y plus revenir depuis l'insolence de Pyrénée. Vous vous souvenez de cette histoire.

> C'étoit un fameux homicide ;
> Il avoit conquis la Phocide,
> Et faisoit des courses, dit-on,
> Jusques au pied de l'Hélicon.
>
> Un jour les neuf savantes sœurs,
> Assez près de cette montagne,
> S'amusant à cueillir des fleurs,
> Se promenoient dans la campagne.
>
> Tout d'un coup le ciel se couvrit,
> Un épais nuage s'ouvrit,
> Il plut à grands flots, et l'orage
> Les mit en mauvais équipage.
>
> Le barbare assez près de là
> Avoit établi sa demeure ;
> Il les vit, et les appela.

Vous savez la suite ; vous savez que ce malheureux Pyrénée voulut faire violence aux Muses, et que, pour les en garantir, les dieux leur donnèrent des ailes, et elles revolèrent aussitôt vers le Parnasse.

Lorsqu'elles furent de retour,
Considérant le mauvais tour
Que leur avoit joué cet infidèle prince,
Elles firent serment que jamais en province
Elles ne feroient leur séjour.

En effet, se trouvant des ailes sur le dos,
Elles jugèrent à propos
De s'en aller à la même heure
Où Pallas faisoit sa demeure.

Elles y demeurèrent long-temps ;
Mais lorsque les Romains devinrent éclatants,
Et qu'ils eurent conquis Athènes,
Les Muses se firent Romaines.

Enfin, par l'ordre du destin,
Quand Rome alloit en décadence,
Les Muses au pays latin
Ne firent plus leur résidence.

Paris, le siège des amours,
Devint aussi celui des filles de Mémoire ;
Et l'on a grand sujet de croire
Qu'elles y resteront toujours.

Quand je parle de Paris, j'y comprends les beaux pays d'alentour ; car elles en sortent de temps en temps pour prendre l'air de la campagne.

Tantôt Fontainebleau les voit
Le long de ses belles cascades ;
Tantôt Vincennes les reçoit
Au milieu de ses palissades.

> Elles vont souvent sur les eaux
> Ou de la Marne, ou de la Seine ;
> Elles étoient toujours à Vaux,
> Et ne l'ont pas quitté sans peine.

Ne croyez pas pour cela que les provinces manquent de poëtes ; elles en ont en abondance : mais que ces Muses sont différentes des autres ! Il est vrai qu'elles leur sont égales en nombre, et se vantent d'être presque aussi anciennes ; au moins sont-elles depuis long-temps en possession des provinces. Vous êtes en peine de savoir qui elles sont : souvenez-vous des neuf filles de Piérus ; leur histoire est connue au Parnasse, d'autant que les Muses prirent leur nom après les avoir vaincues, comme les Romains prenoient les noms des pays qu'ils avoient conquis. Les filles de Piérus furent changées en pies.

> Ces oiseaux, plus importuns
> Mille fois que les chouettes,
> Sont cause que les poëtes
> Sont devenus si communs.
>
> Vous savez que toutes pies
> Dérobent fort volontiers ;
> Celles-ci, comme harpies,
> Pillent les livres entiers.
>
> On dit même qu'à Paris
> Ces fausses Muses font rage,
> Et que force beaux esprits
> Se font à leur badinage.

Lorsqu'elles sont attrapées,
Les ailes leur sont coupées,
Et leurs larcins confisqués :
Et, pour finir cette histoire,
Tels oiseaux sont relégués
Delà les rives de Loire.

C'est où Furetière relègue leur général Galimatias ; et il est bien juste qu'elles lui tiennent compagnie. Mais je ne songe pas que vous me condamnerez peut-être à y demeurer comme elles. En effet, j'ai bien peur que ceci n'approche fort de leur style, et que vous n'y reconnoissiez plutôt le caquet importun des pies que l'agréable facilité des Muses. Renvoyez-moi cette bagatelle des *Bains de Vénus*, et me mandez ce qu'en pense votre académie de Château - Thierry, sur - tout mademoiselle de La Fontaine : je ne lui demande aucune grace pour mes vers ; qu'elle les traite rigoureusement, mais qu'elle me fasse au moins la grace d'agréer mes respects.

LETTRE XXVI.

AU MÊME.

Usez, 25 juillet 1662.

Votre dernière lettre m'a extrêmement consolé, voyant que vous preniez quelque part à l'affliction où j'étois de la trahison de dom Côme. Je ne lui écrirai plus de ma vie, et je ne parlerai plus à mon oncle de résignation, parceque j'ai peur qu'il ne me croie intéressé. Cependant il doit bien s'imaginer que je ne suis pas venu de si loin pour ne rien gagner. Je lui ai jusqu'ici tant témoigné de soumission et d'ouverture de cœur, qu'il a cru que je voudrois vivre avec lui long-temps de la sorte, sans aucune intention sur son bénéfice : je voudrois bien qu'il eût toujours cette bonne opinion de moi. Il n'y a rien à faire auprès de M. l'évêque ; il donne à ses gens le peu de bénéfices qui vaquent ici.

Je suis fort alarmé de votre refroidissement avec le pauvre abbé Le Vasseur ; cela m'affligeroit au dernier point, si je ne savois que votre amitié est trop forte pour être si long-temps refroidie, et que vous êtes trop généreux l'un et l'autre pour ne pas passer par-dessus de petites choses qui peuvent avoir causé cette mésintelligence. Je souhaite que cet accord se fasse au plus tôt : ayez la bonté de m'en mander aussitôt la nouvelle ; car je mourrois de déplaisir si vous rompiez tout-à-fait, et pourrois bien dire comme Chimène,

La moitié de ma vie a mis l'autre au tombeau.

Mais vous n'en viendrez pas jusqu'à cette extrémité ; vous êtes trop pacifiques tous deux.

J'ai peine à croire que mademoiselle Vitart ait la moindre curiosité de voir quelque chose de moi, puisqu'elle ne m'en a rien témoigné. Vous savez bien vous-même que les meilleurs esprits se trouveroient embarrassés s'il leur falloit toujours écrire sans recevoir de réponse. Écrivez-moi souvent; vos lettres me donnent courage, et m'aident à pousser le temps par l'épaule, comme on dit dans ce pays-ci.

M. le prince de Conti est à trois lieues de cette ville, et se fait furieusement craindre dans la province : il fait rechercher les vieux crimes, qui sont en fort grand nombre; il a fait emprisonner plusieurs gentilshommes, et en a écarté beaucoup d'autres. Une troupe de comédiens s'étoit venue établir dans une petite ville proche d'ici; il les a chassés, et ils ont repassé le Rhône. Les gens du Languedoc ne sont pas accoutumés à pareille réforme; il faut pourtant plier.

Je ne saurois écrire à d'autres qu'à vous aujourd'hui; j'ai l'esprit embarrassé; je ne suis en état que de parler procès, ce qui scandaliseroit ceux à qui j'ai coutume d'écrire : tout le monde n'a pas la patience que vous avez pour souffrir mes folies. Outre que mon oncle est au lit, et que je suis fort assidu auprès de lui, il est tout-à-fait bon, et je crois que c'est le seul de sa communauté qui ait l'ame tendre et généreuse. Je souhaite qu'il fasse quelque chose pour moi. Je puis cependant vous protester que je ne suis pas ardent pour les bénéfices; je n'en souhaite que pour vous payer quelque méchante partie de tout ce que je vous dois. Je meurs d'envie de voir vos deux infantes.

Un gentilhomme voisin de cette ville annonçoit avec tant de confiance que l'enfant dont sa femme devoit accoucher seroit quelque chose de grand, que je m'attendois à voir naître dans le château quelque géant; et il n'est venu qu'une fille. Ce n'est pas qu'une fille soit peu de chose; mais le père parloit bien plus haut : cela lui apprend à s'humilier. J'ai ouï dire à un prédicateur que Dieu changeroit plutôt un garçon en fille avant qu'il fût né, que de ne point humilier un homme qui s'en fait accroire. Ce n'est pas qu'il y ait du miracle dans l'affaire de ce gentilhomme, et je crois fort bonnement qu'il n'a eu que ce qu'il a fait. Adieu.

LETTRE XXVII.

A M. LE VASSEUR.

Paris, 1664.

La Renommée[1] a été assez heureuse. M. le comte de Saint-Aignan la trouve fort belle; il a demandé mes autres ouvrages, et m'a demandé

---

[1] Dans ce billet écrit de Paris, Racine parle de son ode intitulée *la Renommée aux Muses*. Il paroît qu'il avoit déjà des protecteurs, et qu'il étoit connu à la cour. Il se préparoit à faire jouer les *Frères Ennemis*, qu'il avoit composés en Languedoc.

moi-même : je le dois aller saluer demain. Je ne l'ai pas trouvé au lever du roi; mais j'y ai trouvé Molière, à qui le roi a donné assez de louanges, et j'en ai été bien aise pour lui; il a été bien aise aussi que j'y fusse présent.

Les Suisses iront dimanche à Notre-Dame, et le roi a demandé la comédie pour eux à Molière ; sur quoi M. le duc a dit qu'il suffiroit de leur donner *Gros-René* bien enfariné, parcequ'ils n'entendoient point le françois.

Adieu : vous voyez que je suis à demi courtisan ; mais c'est, à mon gré, un métier assez ennuyeux.

Pour ce qui regarde les *Frères* [1], ils sont avancés : le quatrième acte étoit fait, mais je ne goûtois point toutes ces épées tirées. Ainsi il a fallu les faire rengainer, et pour cela ôter plus de deux cents vers; ce qui n'est pas aisé.

LETTRE XXVIII.

AU MÊME.

Paris, 1664.

NE vous attendez pas à apprendre de moi aucune nouvelle; car quoique j'aie vu tout ce qui s'est

---

[1] Racine parle de la tragédie des *Frères Ennemis*.

passé à Notre-Dame avec les Suisses, je n'ose pas usurper sur le gazetier l'honneur de vous en faire le récit.

J'ai tantôt achevé ce que vous savez, et j'espère que j'aurai fait dimanche ou lundi. J'y ai mis des stances qui me satisfont assez; en voici la première : je n'ai point de meilleure chose à vous écrire.

> Cruelle ambition, dont la noire malice
>   Conduit tant de monde au trépas,
> Et qui, feignant d'ouvrir le trône sous nos pas,
>   Ne nous ouvres qu'un précipice;
>   Que tu causes d'égarements !
> Qu'en d'étranges malheurs tu plonges tes amants !
>   Que leurs chutes sont déplorables !
> Mais que tu fais périr d'innocents avec eux !
>   Et que tu fais de misérables
>   En faisant un ambitieux !

C'est un lieu commun qui vient bien à mon sujet; ne le montrez pas. Adieu. Je souhaite que ma stance vous tienne lieu d'une bonne lettre. Montfleury a fait une requête contre Molière, et l'a présentée au roi : il accuse Molière d'avoir épousé sa propre fille; mais Montfleury n'est point écouté à la cour.

LETTRE XXIX.

AU MÊME.

Paris, 1664.

Je n'ai pas grandes nouvelles à vous mander : je n'ai fait que retoucher continuellement au cinquième acte; il est achevé : j'en ai changé toutes les stances avec quelque regret. On m'a dit que ma princesse n'étoit pas en situation de s'étendre sur des lieux communs; j'ai donc tout réduit à trois stances, et j'ai ôté celle de l'ambition, qui me servira peut-être ailleurs.

On annonça hier *la Thébaïde* à l'hôtel, mais on ne la promet qu'après trois autres pièces.

Je viens de parcourir votre belle et grande lettre, où j'ai trouvé des difficultés qui m'ont arrêté. Je suis pourtant fort obligé à l'auteur des remarques, et je l'estime infiniment. Je ne sais s'il ne me sera point permis quelque jour de le connoître. Adieu, monsieur.

FIN DES LETTRES DE RACINE A SES AMIS.

LETTRES DE JEAN RACINE ET DE BOILEAU.

LETTRE PREMIÈRE.

A BOILEAU.

Luxembourg, 24 mai 1687.

Votre lettre m'auroit fait beaucoup plus de plaisir si les nouvelles de votre santé eussent été un peu meilleures. Je vis M. Dodart comme je venois de la recevoir, et la lui montrai. Il m'assura que vous n'aviez aucun lieu de vous mettre dans l'esprit que votre voix ne reviendra point, et me cita même quantité de gens qui sont sortis fort heureusement d'un semblable accident. Mais, sur toutes choses, il vous recommande de ne point faire d'effort pour parler, et, s'il se peut, de n'avoir commerce qu'avec des gens d'une oreille fort subtile, ou qui vous entendent à demi-mot. Il croit que le sirop d'abricot vous est fort bon, et qu'il en faut prendre quelquefois de pur, et très souvent de mêlé avec de l'eau, en l'avalant lentement et goutte à goutte; ne point boire trop frais, ni de vin que fort trempé; du reste vous tenir l'esprit toujours gai. Voilà à peu près le conseil que M. Menjot me donnoit autrefois[1]. M. Dodart approuve beaucoup votre lait d'ânesse, mais beaucoup plus encore ce que vous dites de la vertu moliniste. Il ne la croit nullement propre à votre mal, et assure même qu'elle y seroit très nuisible. Il m'ordonne presque toujours les mêmes choses pour mon mal de gorge, qui va toujours son même train; et il me conseille un régime qui peut-être me pourra guérir dans deux ans, mais qui infailliblement me rendra dans deux mois de la taille dont vous voyez qu'est M. Dodart lui-même [2]. M. Félix étoit présent à toutes ces ordonnances, qu'il a fort approuvées; et il a aussi demandé des remèdes pour sa santé, se croyant le plus malade de nous trois. Je vous ai mandé qu'il avoit visité la boucherie de Châlons. Il est, à l'heure que je vous parle, au marché, où il m'a dit qu'il avoit rencontré ce matin des écrevisses de fort bonne mine. Le voyage est prolongé de trois jours, et on demeurera ici jusqu'à lundi

---

[1] Racine racontoit, quand il vouloit rire, qu'un médecin lui ayant défendu de boire du vin, de manger de la viande, de lire et de s'appliquer à la moindre chose, ajouta : *Du reste, réjouissez-vous.*

[2] Racine parle du père du premier médecin du roi, qui étoit extrêmement maigre.

prochain. Le prétexte est la rougeole de M. le comte de Toulouse; mais le vrai est apparemment que le roi a pris goût à sa conquête [1], et qu'il n'est pas fâché de l'examiner tout à loisir. Il a déjà considéré toutes les fortifications l'une après l'autre, est entré jusque dans les contre-mines du chemin couvert, qui sont fort belles, et sur-tout a été fort aise de voir ces fameuses redoutes entre les deux chemins couverts, lesquelles ont tant donné de peine à M. de Vauban. Aujourd'hui le roi va examiner la circonvallation, c'est-à-dire faire un tour de sept ou huit lieues. Je ne vous fais point le détail de tout ce qui m'a paru ici de merveilleux; qu'il vous suffise que je vous en rendrai bon compte quand nous nous verrons, et que je vous ferai peut-être concevoir les choses comme si vous y aviez été. M. de Vauban a été ravi de me voir, et, ne pouvant pas venir avec moi, m'a donné un ingénieur qui m'a mené par-tout. Il m'a aussi abouché avec M. d'Espagne, gouverneur de Thionville, qui se signala tant à Saint-Gothard, et qui m'a fait souvenir qu'il avoit souvent bu avec moi à l'auberge de M. Poignant, et que nous étions, Poignant et moi, fort agréables avec feu M. de Bernage, évêque de Grasse. Sérieusement, ce M. d'Espagne est un fort galant homme, et il m'a

---

[1] Le roi fit en 1687 un voyage à Luxembourg, qu'il avoit pris trois ans auparavant. (Tout indique que cette lettre est de l'année 1687.)

paru un grand air de vérité dans tout ce qu'il m'a dit de ce combat de Saint-Godard. Mais, mon cher monsieur, cela ne s'accorde ni avec M. de Montecuculli, ni avec M. de Bissy, ni avec M. de La Feuillade, et je vois bien que la vérité qu'on nous demande tant est bien plus difficile à trouver qu'à écrire. J'ai vu aussi M. de Charuel, qui étoit intendant à Gigeri. Celui-ci sait apparemment la vérité, mais il se serre les lèvres tant qu'il peut de peur de la dire; et j'ai eu à peu près la même peine à lui tirer quelques mots de la bouche, que Trivelin en avoit à en tirer de Scaramouche, *musicien bègue*. M. de Gourville arriva hier, et tout en arrivant me demanda de vos nouvelles. Je ne finirois point si je vous nommois tous les gens qui m'en demandent tous les jours avec amitié. M. de Chevreuse, entre autres, M. de Noailles, monseigneur le prince, que je devrois nommer le premier, sur-tout M. Moreau notre ami, et M. Roze; ce dernier avec des expressions fortes, vigoureuses, et qu'on voit bien en vérité qui partent du cœur. Je fis hier grand plaisir à M. de Termes de lui dire le souvenir que vous aviez de lui. M. de Rheims, M. le président de Mesmes, et M. le cardinal de Furstemberg sont toujours ici, et mettent le roi en bonne humeur.

LETTRE II.

A RACINE.

[1] Bourbon, 21 juillet 1687.

J'ai été saigné, purgé, etc., et il ne me manque plus aucune des formalités prétendues nécessaires pour prendre les eaux. La médecine que j'ai prise aujourd'hui m'a fait, à ce qu'on dit, tous les biens du monde; car elle m'a fait tomber quatre ou cinq fois en foiblesse, et m'a mis en tel état, qu'à peine je puis me soutenir. C'est demain que je dois commencer le grand chef-d'œuvre, je veux dire que demain je dois commencer à prendre des eaux. M. Bourdici, mon médecin, me remplit toujours de grandes espérances; il n'est pas de l'avis de M. Fagon pour le bain, et cite même des exemples de gens qui, loin de recouvrer la voix par ce remède, l'ont perdue pour s'être baignés : du reste on ne peut pas faire plus d'estime de M. Fagon qu'il en fait, et il le regarde comme l'Esculape de ce temps. J'ai fait connoissance avec deux ou trois malades qui valent bien des gens en santé. Ce ne

---

[1] Pendant le séjour de Boileau à Bourbon pour sa maladie, les lettres et réponses qui suivent indiquent que ce fut en 1687.

sera pas une petite affaire pour moi que la prise
des eaux, qui sont, dit-on, fort endormantes, et
avec lesquelles néanmoins il faut absolument s'empêcher de dormir : ce sera un noviciat terrible ;
mais que ne fait-on pas pour contredire M. Charpentier ? [1]

Je n'ai point encore eu de temps pour me remettre à l'étude, parceque j'ai été assez occupé des
remèdes, pendant lesquels on m'a défendu surtout l'application. Les eaux, dit-on, me donneront
plus de loisir; et pourvu que je ne m'endorme
point, on me laisse toute liberté de lire, et même
de composer. Il y a ici un trésorier de la Sainte-
Chapelle, qui me vient voir fort souvent : il est
homme de beaucoup d'esprit; et s'il n'a pas la main
si prompte à répandre les bénédictions que le fameux M. de Coutance, il a en récompense beaucoup
plus de lettres et de solidité. Je suis toujours fort
affligé de ne vous point voir ; mais franchement le
séjour de Bourbon ne m'a point paru jusqu'à présent si horrible que je me l'étois imaginé : je m'étois
préparé à une si grande inquiétude, que je n'en ai
pas la moitié de ce que j'en croyois avoir. Je n'ai
jamais mieux conçu combien je vous aime que depuis notre triste séparation. Mes recommandations
au cher M. Félix; et je vous supplie, quand même
je l'aurois oublié dans quelqu'une de mes lettres,

---

[1] Boileau disputoit souvent à l'académie contre M. Charpentier.

de supposer toujours que je vous ai parlé de lui,
parceque mon cœur l'a fait si ma main ne l'a pas écrit.

LETTRE III.
A BOILEAU.

Paris, 25 juillet 1687.

Je commençois à m'ennuyer beaucoup de ne point recevoir de vos nouvelles, et je ne savois même que répondre à quantité de gens qui m'en demandoient. Le roi, il y a trois jours, me demanda à son dîner comment alloit votre extinction de voix : je lui dis que vous étiez à Bourbon. Monsieur prit aussitôt la parole, et me fit là-dessus force questions, aussi-bien que Madame, et vous fîtes l'entretien de plus de la moitié du dîner. Je me trouvai le lendemain sur le chemin de M. de Louvois, qui me parla aussi de vous, mais avec beaucoup de bonté, et me disant en propres mots qu'il étoit très fâché que cela durât si long-temps. Je ne vous dis rien de mille autres qui me parlent tous les jours de vous; et quoique j'espère que vous retrouverez bientôt votre voix tout entière, vous n'en aurez jamais assez pour suffire à tous les remercîments que vous aurez à faire.

Je me suis laissé débaucher par M. Félix pour suivre le roi à Maintenon : c'est un voyage de quatre jours. M. de Termes nous mène dans son carrosse;

et j'ai aussi débauché M. Hessein pour faire le quatrième. Il se plaint toujours beaucoup de ses vapeurs, et je vois bien qu'il espère se soulager par quelque dispute de longue haleine [1]; mais je ne suis guère en état de lui donner contentement, me trouvant assez incommodé de ma gorge dès que j'ai parlé un peu de suite. Ce qui m'embarrasse, c'est que M. Fagon, et plusieurs autres médecins très habiles, m'avoient ordonné de boire beaucoup d'eau de Sainte-Reine et des tisanes de chicorée : et j'ai trouvé chez M. Nicole un médecin qui me paroît fort sensé, qui m'a dit qu'il connoissoit mon mal à fond; qu'il en avoit déjà guéri plusieurs, et que je ne guérirois jamais tant que je boirois de l'eau ou de la tisane; que le seul moyen de sortir d'affaire étoit de ne boire que pour la seule nécessité, et tout au plus pour détremper les aliments dans l'estomac. Il a appuyé cela de quelques raisonnements qui m'ont paru assez solides. Ce qui est arrivé de là, c'est que je n'exécute ni son ordonnance ni celle de M. Fagon : je ne me noie plus d'eau comme je faisois, je bois à ma soif ; et vous jugez bien que par le temps qu'il fait on a toujours soif, c'est-à-dire franchement que je me suis remis dans mon train de vie ordinaire, et je m'en trouve

---

[1] M. Hessein, ami commun de Racine et de Boileau, et frère de mademoiselle de La Sablière, avoit beaucoup d'esprit et de lettres, mais il aimoit à disputer et à contredire.

assez bien. Le même médecin m'a assuré que, si les eaux de Bourbon ne vous guérissoient pas, il vous guériroit infailliblement. Il m'a cité l'exemple d'un chantre de Notre-Dame, à qui un rhume avoit fait perdre entièrement la voix depuis six mois, et il étoit près de se retirer; ce médecin l'entreprit, et avec une tisane d'une herbe qu'on appelle je crois *erysimum*, il le tira d'affaire, en telle sorte que non seulement il parle, mais il chante, et a la voix aussi forte qu'il l'ait jamais eue. J'ai conté la chose aux médecins de la cour; ils avouent que cette plante d'*erysimum* est très bonne pour la poitrine; mais ils disent qu'ils ne croyoient pas qu'elle eût la vertu que dit mon médecin. C'est le même qui a deviné le mal de M. Nicole[1] : il s'appelle M. Morin, et il est à mademoiselle de Guise. M. Fagon en fait un fort grand cas. J'espère que vous n'aurez pas besoin de lui; mais cela est toujours bon à savoir : et si le malheur vouloit que vos eaux ne fissent pas tout l'effet que vous souhaitez, voilà encore une assez bonne consolation que je vous donne. Je ne vous manderai pour cette fois d'autres nouvelles que celles qui regardent votre santé et la mienne.

---

[1] M. Morin étoit de l'académie des sciences; son éloge est un des premiers de ceux qu'a faits M. de Fontenelle.

LETTRE IV.

A RACINE.

Bourbon, 29 juillet 1687.

Si la perte de ma voix ne m'avoit fort guéri de la vanité, j'aurois été très sensible à tout ce que vous m'avez mandé de l'honneur que m'a fait le plus grand prince de la terre en vous demandant des nouvelles de ma santé; mais l'impuissance où ma maladie me met de répondre par mon travail à toutes les bontés qu'il me témoigne, me fait un sujet de chagrin de ce qui devroit faire toute ma joie. Les eaux jusqu'ici m'ont fait un fort grand bien, suivant toutes les règles, puisque je les rends de reste, et qu'elles m'ont, pour ainsi dire, tout fait sortir du corps, excepté la maladie pour laquelle je les prends. M. Bourdier, mon médecin, soutient pourtant que j'ai la voix plus forte que quand je suis arrivé; et M. Baudière, mon apothicaire, qui est encore meilleur juge que lui, puisqu'il est sourd, prétend aussi la même chose; mais pour moi je suis persuadé qu'ils me flattent, ou plutôt qu'ils se flattent eux-mêmes. Quoi qu'il en soit, j'irai jusqu'au bout, et je ne donnerai point occasion à M. Fagon et à M. Félix de dire que je me suis impatienté. Au pis aller, nous essaierons cet hiver l'*erysimum*. Mon médecin et mon apothicaire, à qui j'ai montré l'endroit de votre lettre où vous parlez de cette plante, ont témoigné tous deux en faire grand cas ; mais M. Bourdier prétend qu'elle ne peut rendre la voix qu'à des gens qui ont le gosier attaqué, et non pas à un homme comme moi, qui a tous les muscles embarrassés. Peut-être que si j'avois le gosier malade prétendroit-il que l'*erysimum* ne sauroit guérir que ceux qui ont la poitrine attaquée. Le bon de l'affaire est qu'il persiste toujours dans la pensée que les eaux de Bourbon me rendront bientôt la voix : si cela arrive, ce sera à moi, mon cher monsieur, à vous consoler, puisque de la manière dont vous me parlez de votre mal de gorge je doute qu'il puisse être guéri sitôt, sur-tout si vous vous engagez en de longs voyages avec M. Hessein. Mais laissez-moi faire ; si la voix me revient, j'espère de vous soulager dans les disputes que vous aurez avec lui, sauf à la perdre encore une seconde fois pour vous rendre cet office. Je vous prie pourtant de lui faire bien des amitiés de ma part, et de lui faire entendre que ses contradictions me seront toujours beaucoup plus agréables que les complaisances et les applaudissements fades des amateurs du bel esprit. Il s'est trouvé ici parmi les capucins un de ces amateurs, qui a fait des vers à ma louange. J'admire ce que c'est que des hommes : *Vanitas, et omnia vanitas*. Cette sentence ne m'a jamais paru si vraie qu'en fréquentant ces bons et crasseux pères.

Je suis bien fâché que vous ne soyez point encore établi à Auteuil, où

> Ipsi te fontes, ipsa hæc arbusta vocabant;

c'est-à-dire où mes deux puits [1] et mes abricotiers vous appellent.

Vous faites très bien d'aller à Maintenon avec une compagnie aussi agréable que celle dont vous me parlez, puisque vous y trouverez votre utilité et votre plaisir. *Omne tulit punctum,* etc.

Je n'ai pu deviner la critique que vous peut faire M. l'abbé Tallemant sur votre épitaphe. N'est-ce point qu'il prétend que ces termes, *il fut nommé,* semblent dire que le roi Louis XIII a tenu M. Le Tellier sur les fonts de baptême, ou bien que c'est mal dit que le roi le choisit pour remplir la charge, etc., parceque c'est la charge qui a rempli M. Le Tellier, et non pas M. Le Tellier qui a rempli la charge; par la même raison que c'est la ville qui entoure les fossés, et non pas les fossés qui entourent la ville? C'est à vous à m'expliquer cette énigme.

Faites bien, je vous prie, mes baisemains au père Bouhours et à tous nos amis; mais sur-tout témoignez bien à M. Nicole la profonde vénération que j'ai pour son mérite et pour la simplicité de ses mœurs, encore plus admirable que son mérite.

---

[1] Il n'avoit pas d'autres eaux dans cette petite maison dont il faisoit ses délices.

Voilà, ce me semble, une assez longue lettre pour un homme à qui on défend les longues applications. J'ai appris par la gazette que M. l'abbé de Choisy étoit agréé à l'académie [1]; voici encore une voix que je vous envoie pour lui, si les trente-neuf ne suffisoient pas. Adieu: aimez-moi toujours, et croyez que je n'aime rien plus que vous. Je passe ici le temps *sic ut quîmus, quandò ut volumus non possum.*

LETTRE V.

A BOILEAU.

Paris, 4 août 1687.

Je n'ai point encore vu M. Fagon depuis que j'ai reçu de vos nouvelles; mais bien M. Daquin, qui trouve fort étrange que vous ne vous soyez pas mis entre les mains de M. des Trapières: il est même bien en peine qui peut vous avoir adressé à M. Bourdier. Je jugeai à propos, tant il étoit en colère, de ne lui pas dire un mot de M. Fagon.

J'ai fait le voyage de Maintenon, et je suis fort content des ouvrages que j'y ai vus: ils sont prodigieux et dignes, en vérité, de la magnificence du

---

[1] M. l'abbé de Choisy fut reçu à l'académie françoise en 1687.

roi. Les arcades qui doivent joindre les deux montagnes vis-à-vis Maintenon sont presque faites [1] : il y en a quarante-huit; elles sont bâties pour l'éternité. Je voudrois qu'on eût autant d'eau à faire passer dessus qu'elles sont capables d'en porter. Il y a là plus de trente mille hommes qui travaillent, tous gens bien faits, et qui, si la guerre recommence, remueront plus volontiers la terre devant quelque place sur la frontière que dans les plaines de Beauce.

J'eus l'honneur de voir madame de Maintenon, avec qui je fus une bonne partie d'une après-dînée; et elle me témoigna même que ce temps-là ne lui avoit point duré. Elle est toujours la même que vous l'avez vue, pleine d'esprit, de raison, de piété, et de beaucoup de bonté pour nous. Elle me demanda des nouvelles de notre travail : je lui dis que votre indisposition et la mienne, mon voyage à Luxembourg et votre voyage à Bourbon nous avoient un peu reculés, mais que nous ne perdions cependant pas notre temps. [2]

A propos de Luxembourg, je viens de recevoir un plan et de la place et des attaques, et cela dans la dernière exactitude. Je viens de recevoir en même

---

[1] Une lettre de madame de Maintenon qui rapporte les mêmes choses est datée de l'année 1687.

[2] Ils ne le perdoient pas; mais les grands morceaux qu'ils avoient faits ont été brûlés dans l'incendie arrivé chez M. de Valincour.

temps une lettre où l'on me mande une nouvelle fort surprenante et fort affligeante pour vous et pour moi : c'est la mort de notre ami M. de Saint-Laurent [1], qui a été emporté d'un seul accès de colique néphrétique, à quoi il n'avoit jamais été sujet en sa vie. Je ne crois pas qu'excepté Madame on en soit fort affligé au Palais-Royal : les voilà débarrassés d'un homme de bien.

Je laissai volontiers à la gazette à vous parler de M. l'abbé de Choisy. Il fut reçu sans opposition [2]; il avoit pris tous les devants qu'il falloit auprès des gens qui auroient pu lui faire de la peine. Il fera, le jour de saint Louis, sa harangue, qu'il m'a montrée : il y a quelques endroits d'esprit ; je lui ai fait ôter quelques fautes de jugement. M. Bergeret fera la réponse ; je crois qu'il y aura plus de jugement.

Je suis bien aise que vous n'ayez pas conçu la critique de M. l'abbé Tallemant, c'est signe qu'elle ne vaut rien. La critique tomboit sur ces mots, *Il en commença les fonctions :* il prétendoit qu'il falloit dire nécessairement, *Il commença à en faire les fonctions.* Le père Bouhours ne le devina point,

---

[1] Homme d'une grande piété, précepteur du jeune duc de Chartres, depuis M. le duc d'Orléans, régent. Une lettre suivante fera connoître les regrets du jeune prince, et sa douleur de cette mort.

[2] A la place du duc de Saint-Aignan à l'académie françoise en 1687. (Voyez la lettre du 29 juillet.)

non plus que vous ; et quand je lui dis la difficulté, il s'en moqua.

M. Hessein n'a point changé : nous fûmes cinq jours ensemble. Il fut fort doux dans les quatre premiers jours, et eut beaucoup de complaisance pour M. de Termes, qui ne l'avoit jamais vu, et qui étoit charmé de sa douceur. Le dernier jour, M. Hessein ne lui laissa pas passer un mot sans le contredire; et même quand il nous voyoit fatigués et endormis, il avançoit malicieusement quelque paradoxe, qu'il savoit bien qu'on ne lui laisseroit point passer. En un mot, il eut contentement; non seulement on disputa, mais on se querella, et on se sépara sans avoir trop d'envie de se revoir de plus de huit jours. Il me sembla que M. de Termes avoit toujours raison ; il lui sembla aussi la même chose de moi. M. Félix témoigna un peu plus de bonté pour M. Hessein, et aima mieux nous gronder tous, que de se résoudre à le condamner. Voilà comment s'est passé le voyage. Mon mal de gorge n'est point encore fini ; mais je n'y fais plus rien. Adieu, mon cher monsieur, mandez-moi au plus tôt que vous parlez; c'est la meilleure nouvelle que je puisse recevoir en ma vie.

LETTRE VI.
A RACINE.

Bourbon, 9 août 1687.

JE vous demande pardon du gros paquet que je vous envoie; mais M. Bourdier mon médecin a cru qu'il étoit de son devoir d'écrire à M. Fagon sur ma maladie. Je lui ai dit qu'il falloit que M. Dodart vît aussi la chose; ainsi nous sommes convenus de vous adresser sa relation. Je vous envoie un compliment pour M. de La Bruyère.

J'ai été sensiblement affligé de la mort de M. de Saint-Laurent. Franchement, notre siècle se dégarnit fort de gens de mérite et de vertu; et sans ceux qu'on écarte sous un faux prétexte, en voilà un grand nombre que la mort a enlevés depuis peu.

Ma maladie est de ces sortes de choses *quæ non recipiunt magis et minùs*, puisque je suis environ au même état que j'étois lorsque je suis arrivé. On me dit cependant toujours, comme à Paris, que cela reviendra; et c'est ce qui me désespère, cela ne revenant point. Si je savois que je dusse être sans voix toute ma vie, je m'affligerois sans doute; mais je prendrois ma résolution, et je serois peut-être moins malheureux que dans un état d'incertitude qui ne me permet pas de me fixer, et qui me laisse toujours comme un coupable qui attend le jugement de son procès. Je m'efforce cependant de traîner ici ma misérable vie du mieux que je puis avec un abbé très honnête homme, mon médecin, et mon apothicaire. Je passe le temps avec eux à peu près comme don Quichotte le passoit *en un lugar de la Mancha* avec son curé, son barbier, et le bachelier Samson Carrasco. J'ai aussi une servante : il me manque une nièce ; mais de tous ces gens-là celui qui joue le mieux son personnage, c'est moi, qui suis presque aussi fou que don Quichotte, et qui ne dirois guère moins de sottises si je pouvois me faire entendre.

Je n'ai point été surpris de ce que vous m'avez mandé de M. Hessein :

Naturam expellas furcâ, tamen usque recurret.

Il a d'ailleurs de très bonnes qualités; mais, à mon avis, puisque je suis sur la citation de don Quichotte, il n'est pas mauvais de garder avec lui les mêmes mesures qu'avec Cardenio. Comme il veut toujours contredire, il ne seroit pas mauvais de le mettre avec cet homme que vous savez de notre assemblée, qui ne dit jamais rien qu'on ne doive contredire : ils seroient merveilleux ensemble.

J'ai déjà formé mon plan pour l'année 1667, où je vois de quoi ouvrir un beau champ à l'esprit[1]; mais, à ne vous rien déguiser, il ne faut pas

---

[1] Boileau parle de l'histoire du roi, dont Racine et lui étoient continuellement occupés.

que vous fassiez un grand fonds sur moi tant que j'aurai tous les matins à prendre douze verres d'eau, qu'il coûte encore plus à rendre qu'à avaler, et qui vous laissent tout étourdi le reste du jour, sans qu'il vous soit permis de sommeiller un moment. Je ferai pourtant du mieux que je pourrai, et j'espère que Dieu m'aidera.

Vous faites bien de cultiver madame de Maintenon : jamais personne ne fut si digne qu'elle du poste qu'elle occupe, et c'est la seule vertu où je n'ai point encore remarqué de défaut. L'estime qu'elle a pour vous est une marque de son bon goût. Pour moi, je ne me compte pas au rang des choses vivantes.

> Vox quoque Mœrim
> Jam fugit ipsa : lupi Mœrim vidêre priores.

LETTRE VII.
A BOILEAU.

Paris, 8 août 1687.

Madame votre sœur vint avant-hier me chercher, fort alarmée d'une lettre que vous lui avez écrite, et qui est en effet bien différente de celle que j'ai reçue de vous. J'aurois déjà été à Versailles pour entretenir M. Fagon; mais le roi est à Marly depuis quatre jours, et n'en reviendra que demain au soir : ainsi je n'irai qu'après-demain matin, et je vous manderai exactement tout ce qu'il m'aura dit. Cependant je me flatte que ce dégoût et cette lassitude dont vous vous plaignez n'auront point de suite, et que c'est seulement un effet que les eaux doivent produire quand l'estomac n'y est pas encore accoutumé : que si elles continuent à vous faire mal, vous savez ce que tout le monde vous dit en partant, qu'il falloit les quitter en ce cas, ou tout du moins les interrompre. Si par malheur elles ne vous guérissent pas, il n'y a point lieu encore de vous décourager, et vous ne seriez pas le premier qui, n'ayant pas été guéri sur les lieux, s'est trouvé guéri étant de retour chez lui. En tout cas le sirop d'*erysimum* n'est point assurément une vision. M. Dodart, à qui j'en parlai il y a trois jours, me dit et m'assura en conscience que ce M. Morin qui m'a parlé de ce remède est sans doute le plus habile médecin qui soit dans Paris, et le moins charlatan. Il est constant que pour moi je me trouve infiniment mieux depuis que par son conseil j'ai renoncé à tout ce lavage d'eaux qu'on m'avoit ordonnées, et qui m'avoient presque gâté entièrement l'estomac, sans me guérir mon mal de gorge.

M. de Saint-Laurent est mort d'une colique de *miserere*, et non point d'un accès de néphrétique, comme je vous avois mandé. Sa mort a été fort chrétienne, et même aussi singulière que le reste de sa vie. Il ne confia qu'à M. de Chartres qu'il se trouvoit mal, et qu'il alloit s'enfermer dans une

chambre pour se reposer, conjurant instamment
ce jeune prince de ne point dire où il étoit, parcequ'il ne vouloit voir personne. En le quittant il
alla faire ses dévotions : c'étoit un dimanche, et
on dit qu'il les faisoit tous les dimanches ; puis il
s'enferma dans une chambre jusqu'à trois heures
après midi, que M. de Chartres, étant en inquiétude de sa santé, déclara où il étoit. Tancret y
fut, qui le trouva tout habillé sur un lit, souffrant
apparemment beaucoup, et néanmoins fort tranquille. Tancret ne lui trouva point de pouls ; mais
M. de Saint-Laurent lui dit que cela ne l'étonnât
point, qu'il étoit vieux, et qu'il n'avoit pas naturellement le pouls fort élevé. Il voulut être saigné,
et il ne vint point de sang. Peu de temps après il se
mit sur son séant, puis dit à son valet de le pen-
cher un peu sur son chevet ; et aussitôt ses pieds
se mirent à trépigner contre le plancher, et il ex-
pira dans le moment même. On trouva dans sa
bourse un billet par lequel il déclaroit où l'on
trouveroit son testament. Je crois qu'il donne tout
son bien aux pauvres. Voilà comme il est mort : et
voici ce qui fait, ce me semble, assez bien son
éloge. Vous savez qu'il n'avoit presque d'autres
soins auprès de M. de Chartres que de l'empêcher
de manger des friandises ; qu'il l'empêchoit le plus
qu'il pouvoit d'aller aux comédies et aux opéras ;
et il vous a conté lui-même toutes les rebuffades
qu'il lui a fallu essuyer pour cela, et comment
toute la maison de Monsieur étoit déchaînée contre

lui, gouverneur, sous-précepteur, valets de chambre. Cependant on a été plus de deux jours sans oser apprendre sa mort à ce même M. de Chartres; et quand Monsieur enfin la lui a annoncée, il a jeté des cris effroyables, se jetant, non point sur son lit, mais sur le lit de M. de Saint-Laurent, qui étoit encore dans sa chambre, et l'appelant à haute voix comme s'il eût encore été en vie : tant la vertu, quand elle est vraie, a de force pour se faire aimer! Je suis assuré que cela vous fera plaisir, non seulement pour la mémoire de M. de Saint-Laurent, mais même pour M. de Chartres. Dieu veuille qu'il persiste long-temps dans de pareils sentiments! Il me semble que je n'ai point d'autres nouvelles à vous mander.

M. le duc de Roannez est venu ce matin pour me parler de sa rivière, et pour me prier d'en parler. Je lui ai demandé s'il ne savoit rien de nouveau; il m'a dit que non : et il faut bien, puisqu'il ne sait point de nouvelles, qu'il n'y en ait point; car il en sait toujours plus qu'il n'y en a. On dit seulement que M. de Lorraine a passé la Drave, et les Turcs la Save : ainsi il n'y a point de rivière qui les sépare : tant pis apparemment pour les Turcs; je les trouve merveilleusement accoutumés à être battus. La nouvelle qui fait ici le plus de bruit, c'est l'embarras des comédiens, qui sont obligés de déloger de la rue Guénégaud, à cause que messieurs de Sorbonne, en acceptant le collège des Quatre-Nations, ont demandé pour première condition qu'on les éloignât de ce collège. Ils ont déjà marchandé des places dans cinq ou six endroits; mais par-tout où ils vont c'est merveille d'entendre comme les curés crient. Le curé de Saint-Germain-l'Auxerrois a déjà obtenu qu'ils ne seroient point à l'hôtel de Sourdis, parceque de leur théâtre on auroit entendu tout à plein les orgues, et de l'église on auroit parfaitement bien entendu les violons. Enfin ils en sont à la rue de Savoie, dans la paroisse de Saint-André. Le curé a été aussi au roi lui représenter qu'il n'y a tantôt plus dans sa paroisse que des auberges et des coquetiers; si les comédiens y viennent, que son église sera déserte. Les grands-augustins ont aussi été au roi, et le père Lembrochons, provincial, a porté la parole; mais on prétend que les comédiens ont dit à sa majesté que ces mêmes augustins qui ne veulent point les avoir pour voisins sont fort assidus spectateurs de la comédie, et qu'ils ont même voulu vendre à la troupe des maisons qui leur appartiennent dans la rue d'Anjou pour y bâtir un théâtre, et que le marché seroit déjà conclu si le lieu eût été plus commode. M. de Louvois a ordonné à M. de La Chapelle de lui envoyer le plan du lieu où ils veulent bâtir dans la rue de Savoie. Ainsi on attend ce que M. de Louvois décidera. Cependant l'alarme est grande dans le quartier; tous les bourgeois, qui sont gens de palais, trouvant fort étrange qu'on vienne leur embarrasser leurs rues. M. Billard sur-tout, qui se trouvera vis-à-vis la porte du parterre, crie fort haut ; et quand on lui a voulu dire qu'il en auroit plus de commodité pour s'aller divertir quelquefois, il a répondu fort tragiquement : *Je ne veux point me divertir.* Adieu, monsieur : je fais moi-même ce que je puis pour vous divertir, quoique j'aie le cœur fort triste depuis la lettre que vous avez écrite à madame votre sœur. Si vous croyez que je puisse vous être bon à quelque chose à Bourbon, n'en faites point de façon, mandez-le-moi; je volerai pour vous aller voir.

LETTRE VIII.

A RACINE.

Moulins, 13 août 1687.

Mon médecin a jugé à propos de me laisser reposer deux jours, et j'ai pris ce temps pour venir voir Moulins, où j'arrivai hier au matin, et d'où je m'en dois retourner aujourd'hui au soir. C'est une ville très marchande et très peuplée, et qui n'est pas indigne d'avoir un trésorier de France comme vous. Un M. de Chamblain, ami de M. l'abbé de Sales, qui y est venu avec moi, m'y donna hier à souper fort magnifiquement. Il se dit grand ami de M. de Poignant, et connoît fort votre nom, aussi-bien que tout le monde de cette ville, qui s'honore fort d'avoir un magistrat de votre force, et qui lui est si peu à charge. Je vous ai envoyé par le dernier ordinaire une très longue déduction de ma maladie, que M. Bourdier mon médecin a écrite à M. Fagon; ainsi vous en devez être instruit à l'heure qu'il est parfaitement. Je vous dirai pourtant que dans cette relation il ne parle point de la lassitude de jambes et du peu d'appétit; si bien que tout le profit que j'ai fait jusqu'ici à boire des eaux, selon lui, consiste en un éclaircissement de teint, que le hâle du voyage m'avoit jauni plutôt que la maladie : car vous savez bien qu'en partant de Paris je n'avois pas le visage trop mauvais, et je ne vois pas qu'à Moulins où je suis on me félicite fort présentement de mon embonpoint. Si j'ai écrit une lettre si triste à ma sœur, cela ne vient point de ce que je me sente beaucoup plus mal qu'à Paris, puisqu'à vous dire le vrai, tout le bien et tout le mal mis ensemble, je suis environ au même état que quand je partis ; mais, dans le chagrin de ne point guérir, on a quelquefois des moments où la mélancolie redouble; et je lui ai écrit dans un de ces moments. Peut-être dans une autre lettre verra-t-elle que je ris. Le chagrin est comme une fièvre qui a ses redoublements et ses suspensions.

La mort de M. de Saint-Laurent est tout-à-fait édifiante : il me paroît qu'il a fini avec toute l'audace d'un philosophe et toute l'humilité d'un chrétien. Je suis persuadé qu'il y a des saints canonisés qui n'étoient pas plus saints que lui : on le verra un jour, selon toutes les apparences, dans les litanies. Mon embarras est seulement comment on l'appellera, et si on lui dira simplement saint Laurent, ou saint Saint-Laurent. Je n'admire pas seulement M. de Chartres, mais je l'aime, j'en suis fou. Je ne sais pas ce qu'il sera dans la suite; mais je sais bien que l'enfance d'Alexandre ni de Constantin n'a jamais promis de si grandes choses que la sienne, et on pourroit beaucoup plus justement faire de lui les prophéties que Virgile, à mon avis, a faites assez à la légère du fils de Pollion.

Dans le temps que je vous écris ceci M. Amiot vient d'entrer dans ma chambre : il a précipité, dit-il, son retour à Bourbon pour me venir rendre service. Il m'a dit qu'il avoit vu avant que de partir M. Fagon, et qu'ils persistoient l'un et l'autre dans la pensée du demi-bain, quoi qu'en puissent dire MM. Bourdier et Baudière : c'est une affaire qui se décidera demain à Bourbon. A vous dire le vrai, mon cher monsieur, c'est quelque chose d'assez fâcheux que de se voir ainsi le jouet d'une science très conjecturale, et où l'un dit blanc et l'autre noir : car les deux derniers ne soutiennent pas seulement que le bain n'est pas bon à mon mal; mais ils prétendent qu'il y va de la vie, et citent sur cela des exemples funestes. Mais enfin me voilà livré à la médecine, et il n'est plus temps de reculer. Ainsi ce que je demande à Dieu, ce n'est pas qu'il me rende la voix, mais qu'il me donne la vertu et la piété de M. de Saint-Laurent, ou de M. Nicole, ou même la vôtre, puisqu'avec cela on se moque des périls. S'il y a quelque malheur dont on se puisse réjouir, c'est, à mon avis, de celui des comédiens : si on continue à les traiter comme on fait, il faudra qu'ils s'aillent établir entre la Villette et la porte Saint-Martin ; encore ne sais-je s'ils n'auront point sur les bras le curé de Saint-Laurent. Je vous ai une obligation infinie du soin que vous prenez d'entretenir un misérable comme moi. L'offre que vous me faites de venir à Bourbon est tout-à-fait héroïque et obligeante; mais il n'est pas nécessaire que vous veniez vous enterrer inutilement dans le plus vilain lieu du monde; et le chagrin que vous auriez infailliblement de vous y voir ne feroit qu'augmenter celui que j'ai d'y être. Vous m'êtes plus nécessaire à Paris qu'ici, et j'aime encore mieux ne vous point voir, que de vous voir triste et affligé. Adieu, mon cher monsieur. Mes recommandations à M. Félix, à M. de Termes, et à tous nos autres amis.

LETTRE IX.
A BOILEAU.

Paris, 13 août 1687.

Je ne vous écrirai aujourd'hui que deux mots : car outre qu'il est extrêmement tard, je reviens chez moi pénétré de frayeur et de déplaisir. Je sors de chez le pauvre M. Hessein, que j'ai laissé à l'extrémité : je doute qu'à moins d'un miracle je le retrouve demain en vie. Je vous conterai sa maladie une autre fois, et je ne vous parlerai maintenant que de ce qui vous regarde. Vous êtes un peu cruel à mon égard de me laisser si long-temps dans l'horrible inquiétude où vous avez bien dû juger que votre lettre à madame votre sœur me pouvoit jeter. J'ai vu M. Fagon, qui, sur le récit que je lui ai fait de ce qui est dans cette lettre, a jugé qu'il falloit quitter sur-le-champ vos eaux. Il dit que leur effet naturel est d'ouvrir l'appétit, bien loin de l'ôter ; il croit même qu'à l'heure qu'il est vous les aurez interrompues, parcequ'on n'en prend jamais plus de vingt jours de suite. Si vous vous en êtes trouvé considérablement bien, il est d'avis qu'après les avoir laissées pour quelque temps vous les recommenciez : si elles ne vous ont fait aucun bien, il croit qu'il les faut quitter entièrement. Le roi me demanda hier au soir si vous étiez revenu : je lui répondis que non, et que les eaux jusqu'ici ne vous avoient pas fort soulagé. Il me dit ces propres mots : « Il fera mieux de se remettre à son train de vie ordinaire ; la voix lui reviendra lorsqu'il y pensera le moins. » Tout le monde a été charmé de la bonté que sa majesté a témoignée pour vous en parlant ainsi ; et tout le monde est d'avis que, pour votre santé, vous ferez bien de revenir. M. Félix est de cet avis ; le premier médecin et M. Moreau en sont entièrement. M. du Tartre croit qu'absolument les eaux de Bourbon ne sont pas bonnes pour votre poitrine, et que vos lassitudes en sont une marque. Tout cela, mon cher monsieur, m'a donné une furieuse envie de vous voir de retour. On dit que vous trouverez de petits remèdes innocents qui vous rendront infailliblement la voix, et qu'elle reviendra d'elle-même quand vous ne feriez rien. M. le maréchal de Bellefont m'enseigna hier un remède dont il dit qu'il a vu plusieurs gens guéris d'une extinction de voix; c'est de laisser fondre dans sa bouche un peu de myrrhe, la plus transparente qu'on puisse trouver: d'autres se sont guéris avec la simple eau de poulet, sans compter l'*erysimum*; enfin, tout d'une voix, tout le monde vous conseille de revenir. Je n'ai jamais vu une santé plus généralement souhaitée que la vôtre. Venez donc, je vous en conjure. Et, à moins que vous n'ayez déjà un commencement de voix qui vous donne des assurances que vous achèverez de guérir à Bourbon, ne perdez pas un moment de temps pour vous redonner à vos amis, et à moi sur-tout, qui suis inconsolable de vous voir si loin de moi, et d'être des semaines entières sans savoir si vous êtes en santé ou non. Plus je vois décroître le nombre de mes amis, plus je deviens sensible au peu qui m'en reste; et il me semble, à vous parler franchement, qu'il ne me reste presque plus que vous. Adieu: je crains de m'attendrir follement en m'arrêtant trop sur cette réflexion.

LETTRE X.

AU MÊME.

Paris, 17 août 1687.

J'allai hier au soir à Versailles, et j'y allai tout exprès pour voir M. Fagon et lui donner la consultation de M. Bourdier. Je la lus auparavant avec M. Félix, et je la trouvai très savante, dépeignant votre tempérament et votre mal en termes très énergiques : j'y croyois trouver en quelque page, *Numero Deus impare gaudet.* M. Fagon me dit que du moment qu'il s'agissoit de la vie, et qu'elle pouvoit être en compromis, il s'étonnoit qu'on mît en question si vous prendriez le demi-bain. Il en écrira à M. Bourdier, et cependant il m'a chargé de vous écrire au plus vite de ne point vous baigner, et même, si les eaux vous ont incommodé, de les quitter entièrement, et de vous en revenir. Je vous avois déjà mandé son avis là-dessus, et il y persiste toujours. Tout le monde crie que vous devriez revenir, médecins, chirurgiens, hommes, femmes. Je vous avois mandé qu'il falloit un miracle pour sauver M. Hessein : il est sauvé, et c'est votre bon ami le quinquina qui a fait ce miracle. L'émétique l'avoit mis à la mort. M. Fagon arriva fort à propos, qui, le croyant à demi mort, ordonna au plus vite le quinquina. Il est présentement sans fièvre : je l'ai même tantôt fait rire jusqu'à la convulsion, en lui montrant l'endroit de votre lettre où vous parlez du bachelier, du curé, et du barbier. Vous dites qu'il vous manque une nièce : voudriez-vous qu'on vous envoyât mademoiselle Despréaux [1] ? Je m'en vais ce soir à Marly. M. Félix a demandé permission au roi pour moi, et j'y demeurerai jusqu'à mercredi prochain.

M. le duc de Charost m'a tantôt demandé de vos nouvelles d'un ton de voix que je vous souhaiterois de tout mon cœur. Quantité de gens de nos amis sont malades, entre autres M. le duc de Chevreuse et M. de Chamlai : tous deux ont la fièvre double-tierce. M. de Chamlai a déjà pris le quinquina; M. de Chevreuse le prendra au premier jour. On ne voit à la cour que des gens qui ont le ventre plein de quinquina. Si cela ne vous excite pas à y revenir, je ne sais plus ce qui peut vous en donner envie. M. Hessein ne l'a point voulu prendre des apothicaires, mais de la propre main de Shmith. J'ai vu ce Shmith chez lui; il a le visage vermeil et boutonné, et a bien plus l'air d'un maître cabaretier que d'un médecin. M. Hessein dit qu'il n'a jamais rien bu de plus agréable, et qu'à chaque fois qu'il en prend il sent la vie descendre dans son estomac. Adieu, mon cher monsieur : je commencerai et finirai toutes mes lettres en vous disant de vous hâter de revenir.

---

[1] Boileau n'aimoit pas beaucoup cette nièce.

LETTRE XI.

A RACINE.

Bourbon, 19 août 1687.

Vous pouvez juger, monsieur, combien j'ai été frappé de la funeste nouvelle que vous m'avez mandée de notre pauvre ami. En quelque état pitoyable néanmoins que vous l'ayez laissé, je ne saurois m'empêcher d'avoir toujours quelque rayon d'espérance, tant que vous ne m'aurez point écrit, *il est mort*; et je me flatte même qu'au premier ordinaire j'apprendrai qu'il est hors de danger. A dire le vrai, j'ai bon besoin de me flatter ainsi, sur-tout aujourd'hui que j'ai pris une médecine qui m'a fait tomber quatre fois en foiblesse, et qui m'a jeté dans un abattement dont même les plus agréables nouvelles ne seroient pas capables de me relever. Je vous avoue pourtant que, si quelque chose pouvoit me rendre la santé et la joie, ce seroit la bonté qu'a sa majesté de s'enquérir de moi toutes les fois que vous vous présentez devant elle. Il ne sauroit guère rien arriver de plus glorieux, je ne dis pas à un misérable comme moi, mais à tout ce qu'il y a de gens plus considérables à la cour; et je gage qu'il y en a plus de vingt d'entre eux qui, à l'heure qu'il est, envient ma bonne fortune, et qui voudroient avoir perdu la voix et même la parole à ce prix. Je ne manquerai pas, avant qu'il soit peu, de profiter du bon avis qu'un si grand prince me donne, sauf à désobliger M. Bourdier mon médecin, et M. Baudière mon apothicaire, qui prétendent maintenir contre lui que les eaux de Bourbon sont admirables pour rendre la voix. Mais je m'imagine qu'ils réussiront dans cette entreprise à peu près comme toutes les puissances de l'Europe ont réussi à lui empêcher de prendre Luxembourg et tant d'autres villes. Pour moi, je suis persuadé qu'il fait bon suivre ses ordonnances, en fait même de médecine. J'accepte l'augure qu'il m'a donné en vous disant que la voix me reviendroit lorsque j'y penserois le moins. Un prince qui a exécuté tant de choses miraculeuses est vraisemblablement inspiré du ciel, et toutes les choses qu'il dit sont des oracles. D'ailleurs j'ai encore un remède à essayer, où j'ai grande espérance, qui est de me présenter à son passage dès que je serai de retour; car je crois que l'envie que j'aurai de lui témoigner ma joie et ma reconnoissance me fera trouver de la voix, et peut-être même des paroles éloquentes. Cependant je vous dirai que je suis aussi muet que jamais, quoiqu'inondé d'eaux et de remèdes. Nous attendons la réponse de M. Fagon sur la relation que M. Bourdier lui a envoyée. Jusque-là je ne puis rien vous dire sur mon départ. On me fait toujours espérer ici une guérison prochaine, et nous devons tenter le demi-bain, supposé que M. Fagon persiste toujours dans l'opinion qu'il me peut être utile. Après cela je prendrai mon parti.

Vous ne sauriez croire combien je vous suis obligé de la tendresse que vous m'avez témoignée dans votre dernière lettre : les larmes m'en sont presque venues aux yeux ; et quelque résolution que j'eusse faite de quitter le monde, supposé que la voix ne me revînt point, cela m'a entièrement fait changer d'avis ; c'est-à-dire, en un mot, que je me sens capable de quitter toutes choses, hormis vous. Adieu, mon cher monsieur : excusez si je ne vous écris pas une plus longue lettre ; franchement je suis fort abattu. Je n'ai point d'appétit : je traîne les jambes plutôt que je ne marche. Je n'oserois dormir, et je suis toujours accablé de sommeil. Je me flatte pourtant encore de l'espérance que les eaux de Bourbon me guériront. M. Amiot est homme d'esprit, et me rassure fort. Il se fait une affaire très sérieuse de me guérir, aussi-bien que les autres médecins. Je n'ai jamais vu de gens si affectionnés à leur malade, et je crois qu'il n'y en a pas un d'entre eux qui ne donnât quelque chose de sa santé pour me rendre la mienne. Outre leur affection, il y va de leur intérêt, parceque ma maladie fait grand bruit dans Bourbon. Cependant ils ne sont point d'accord ; et M. Bourdier lève toujours des yeux très tristes au ciel quand on parle de bain. Quoi qu'il en soit, je leur suis obligé de leurs soins et de leur bonne volonté ; et quand vous m'écrirez je vous prie de me dire quelque chose qui marque que je parle bien d'eux.

M. de La Chapelle m'a écrit une lettre fort obligeante, et m'envoie plusieurs inscriptions sur lesquelles il me prie de dire mon avis. Elles me paroissent toutes fort spirituelles ; mais je ne saurois pas lui mander pour cette fois ce que j'y trouve à redire, ce sera pour le premier ordinaire. M. Boursault, que je croyois mort, me vint voir il y a cinq ou six jours, et m'apparut le soir assez subitement. Il me dit qu'il s'étoit détourné de trois grandes lieues du chemin de Mont-Luçon, où il alloit et où il est habitué, pour avoir le bonheur de me saluer. Il me fit offre de toutes choses, d'argent, de commodités, de chevaux. Je lui répondis avec les mêmes honnêtetés, et voulus le retenir pour le lendemain à dîner ; mais il me dit qu'il étoit obligé de s'en aller dès le grand matin : ainsi nous nous séparâmes amis à outrance [1]. A propos d'amis, mes baisemains, je vous prie, à tous nos amis communs. Dites bien à M. Quinault que je lui suis in-

---

[1] Boursault étoit alors receveur des fermes à Mont-Luçon, d'où, à l'occasion de son emploi, il écrivit une lettre assez connue. Boileau l'avoit attaqué dans ses satires. Boursault, pour s'en venger, fit imprimer contre lui une comédie intitulée : *Satire des Satires*. Cependant, quand il sut Boileau malade à Bourbon, il alla le voir, et lui offrit sa bourse. Boileau, sensible à ce trait de générosité, ôta, dans la suite, de ses satires le nom de Boursault.

finiment obligé de son souvenir, et des choses obligeantes qu'il a écrites de moi à M. l'abbé de Salles. Vous pouvez l'assurer que je le compte présentement au rang de mes meilleurs amis, et de ceux dont j'estime le cœur et l'esprit. Ne vous étonnez pas si vous recevez quelquefois mes lettres un peu tard, parceque la poste n'est point à Bourbon, et que souvent, faute de gens pour envoyer à Moulins, on perd un ordinaire. Au nom de Dieu, mandez-moi, avant toutes choses, des nouvelles de M. Hessein.

LETTRE XII.
AU MÊME.

Bourbon, 23 août 1687.

On me vient avertir que la poste est de ce soir à Bourbon ; c'est ce qui fait que je prends la plume à l'heure qu'il est, c'est-à-dire à dix heures du soir, qui est une heure fort extraordinaire aux malades de Bourbon, pour vous dire que, malgré les tragiques remontrances de M. Bourdier, je me suis mis aujourd'hui dans le demi-bain, par le conseil de M. Amiot, et même de M. des Trapières, que j'ai appelé au conseil. Je n'y ai été qu'une heure. Cependant j'en suis sorti beaucoup en meilleur état que je n'y étois entré, c'est-à-dire la poitrine beaucoup plus dégagée, les jambes plus légères, l'esprit plus gai : et même mon laquais m'ayant demandé quelque chose, je lui ai répondu un *non* à pleine voix, qui l'a surpris lui-même, aussi-bien qu'une servante qui étoit dans la chambre; et pour moi j'ai cru l'avoir prononcé par enchantement. Il est vrai que je n'ai pu depuis rattraper ce ton-là; mais, comme vous voyez, monsieur, c'en est assez pour me remettre le cœur au ventre, puisque c'est une preuve que ma voix n'est pas entièrement perdue, et que le bain m'est très bon. Je m'en vais piquer de ce côté-là, et je vous manderai le succès. Je ne sais pas pourquoi M. Fagon a molli si aisément sur les objections très superstitieuses de M. Bourdier. Il y a tantôt six mois que je n'ai eu de véritable joie que ce soir. Adieu, mon cher monsieur. Je dors en vous écrivant. Conservez-moi votre amitié, et croyez que, si je recouvre la voix, je l'emploierai à publier à toute la terre la reconnoissance que j'ai des bontés que vous avez pour moi, et qui ont encore accru de beaucoup la véritable estime et la sincère amitié que j'avois pour vous. J'ai été ravi, charmé, enchanté du succès du quinquina; et ce qu'il a fait sur notre ami Hessein m'engage encore plus dans ses intérêts que la guérison de ma fièvre double-tierce.

LETTRE XIII.

A BOILEAU.

Paris, 24 août 1687.

Je vous dirai, avant toutes choses, que M. Hessein, excepté quelque petit reste de foiblesse, est entièrement hors d'affaire, et ne prendra plus que huit jours du quinquina, à moins qu'il n'en prenne pour son plaisir; car la chose devient à la mode, et on commencera bientôt, à la fin des repas, à le servir comme le café et le chocolat. L'autre jour, à Marly, monseigneur, après un fort grand déjeuner avec madame la princesse de Conti et d'autres dames, en envoya quérir deux bouteilles chez les apothicaires du roi, et en but le premier un grand verre; ce qui fut suivi par toute la compagnie, qui, trois heures après, n'en dîna que mieux : il me semble même que cela leur avoit donné un plus grand air de gaieté ce jour-là; et, à ce même dîner, je contai au roi votre embarras entre vos deux médecins et la consultation très savante de M. Bourdier. Le roi eut la bonté de me demander ce qu'on vous répondoit là-dessus, et s'il y avoit à délibérer. « Oh! pour moi, s'écria naturellement madame la princesse de Conti, qui étoit à table à côté de sa majesté, j'aimerois mieux ne parler de trente ans, que d'exposer ainsi ma vie pour recouvrer la parole. » Le roi, qui venoit de faire la guerre à monseigneur sur sa débauche de quinquina, lui demanda s'il ne voudroit point aussi tâter des eaux de Bourbon. Vous ne sauriez croire combien cette maison de Marly est agréable : la cour y est, ce me semble, tout autre qu'à Versailles. Il y a peu de gens, et le roi nomme tous ceux qui l'y doivent suivre. Ainsi tous ceux qui y sont, se trouvant fort honorés d'y être, y sont aussi de fort bonne humeur. Le roi même y est fort libre et fort caressant. On diroit qu'à Versailles il est tout entier aux affaires, et qu'à Marly il est tout à lui et à son plaisir. Il m'a fait l'honneur plusieurs fois de me parler, et j'en suis sorti à mon ordinaire, c'est-à-dire fort charmé de lui et au désespoir contre moi : car je ne me trouve jamais si peu d'esprit que dans ces moments où j'aurois le plus d'envie d'en avoir.

Du reste je suis devenu riche de bons mémoires[1]. J'y ai entretenu tout à mon aise les gens qui pouvoient me dire le plus de choses de la campagne de Lille. J'eus même l'honneur de demander cinq ou six éclaircissements à M. de Louvois, qui me parla avec beaucoup de bonté. Vous savez sa manière, et comme toutes ses paroles sont pleines de droit sens et vont au fait.

---

[1] Racine ne perdoit aucune occasion de rassembler des mémoires pour l'histoire du roi.

En un mot j'en sortis très savant et très content. Il me dit que, tout autant de difficultés que nous aurions, il nous écouteroit avec plaisir. Les questions que je lui fis regardoient Charleroi et Douai. J'étois en peine pourquoi on alla d'abord à Charleroi, et si on avoit déjà nouvelle que les Espagnols l'eussent rasé : car en voulant écrire je me suis trouvé arrêté tout à coup, et par cette difficulté, et par beaucoup d'autres que je vous dirai. Vous ne me trouverez peut-être, à cause de cela, guère plus avancé que vous, c'est-à-dire beaucoup d'idées et peu d'écriture. Franchement je vous trouve fort à dire, et dans mon travail, et dans mes plaisirs. Une heure de conversation m'étoit d'un grand secours pour l'un, et d'un grand accroissement pour les autres.

Je viens de recevoir une lettre de vous. Je ne doute pas que vous n'ayez présentement reçu celle où je vous mandois l'avis de M. Fagon, et que M. Bourdier n'ait reçu des nouvelles de M. Fagon même, qui ne serviront pas peu à le confirmer dans son avis. Tout ce que vous m'écrivez de votre peu d'appétit et de votre abattement est très considérable, et marque toujours de plus en plus que les eaux ne vous conviennent point. M. Fagon ne manquera pas de me répéter encore qu'il les faut quitter, et les quitter au plus vite; car, je vous l'ai mandé, il prétend que leur effet naturel est d'ouvrir l'appétit et de rendre les forces. Quand elles font le contraire, il y faut renoncer.

Je ne doute pas que vous ne vous remettiez bientôt en chemin pour revenir. Je suis persuadé comme vous que la joie de revoir un prince qui témoigne tant de bonté pour vous vous fera plus de bien que tous les remèdes. M. Roze m'avoit déjà dit de vous mander de sa part qu'après Dieu le roi étoit le plus grand médecin du monde, et je fus même fort édifié que M. Roze voulût bien mettre Dieu avant le roi. Je commence à soupçonner qu'il pourroit bien être en effet dans la dévotion. M. Nicole a donné depuis deux jours au public deux tomes de *Réflexions sur les épîtres et sur les évangiles* [1], qui me semblent encore plus forts et plus édifiants que tout ce qu'il a fait. Je ne vous les envoie pas, parceque j'espère que vous serez bientôt de retour, et vous les trouverez infailliblement chez vous. Il n'a encore travaillé que sur la moitié des épîtres et des évangiles de l'année; j'espère qu'il achèvera le reste, pourvu qu'il plaise à Dieu..... de lui laisser encore un an de vie.

Il n'y a point de nouvelles de Hongrie que celles qui sont dans la gazette. M. de Lorraine, en passant la Drave, a fait, ce me semble, une entreprise de fort grand éclat et fort inutile. Cette expédition a bien l'air de celle qu'on fit pour secourir Philisbourg. Il a trouvé au-delà de la rivière un

---

[1] Ces réflexions parurent en 1687. Elles forment la continuation des *Essais de morale*.

bois, et au-delà de ce bois les ennemis retranchés jusqu'aux dents. M. de Termes est du nombre de ceux que je vous ai mandé qui avoient l'estomac farci de quinquina. Croyez-vous que le quinquina, qui vous a sauvé la vie, ne vous rendroit point la voix? Il devroit du moins vous être plus favorable qu'à un autre, vous qui vous êtes enroué tant de fois à le louer. Les comédiens, qui vous font si peu de pitié, sont pourtant toujours sur le pavé; et je crains comme vous qu'ils ne soient obligés de s'aller établir auprès des vignes de feu M. votre père; ce seroit un digne théâtre pour les œuvres de M. Pradon : j'allois ajouter de M. Boursault; mais je suis trop touché des honnêtetés que vous avez tout nouvellement reçues de lui. Je ferai tantôt à M. Quinault celles que vous me mandez de lui faire. Il me semble que vous avancez furieusement dans le chemin de la perfection. Voilà bien des gens à qui vous avez pardonné.

On m'a dit, chez madame votre sœur, que M. Marchand partoit lundi prochain pour Bourbon. *Hei! vereor ne quid Andria apportet mali!* Franchement j'appréhende un peu qu'il ne vous retienne. Il aime fort son plaisir. Cependant je suis assuré que M. Bourdier même vous dira de vous en aller. Le bien que les eaux vous pourroient faire est peut-être fait : elles auront mis votre poitrine en bon train. Les remèdes ne font pas toujours sur-le-champ leur plein effet; et mille gens qui étoient allés à Bourbon pour des foiblesses de jambes n'ont commencé à bien marcher que lorsqu'ils ont été de retour chez eux. Adieu, mon cher monsieur. Vous me demandez pardon de m'avoir écrit une lettre trop courte, et vous avez raison de le demander; et moi je vous le demande d'en avoir écrit une trop longue, et j'ai peut-être aussi raison.

LETTRE XIV.

A RACINE.

Bourbon, 28 août 1687.

Je ne m'étonne point, monsieur, que madame la princesse de Conti soit dans le sentiment où elle est. Quand elle auroit perdu la voix, il lui resteroit encore un million de charmes pour se consoler de cette perte, et elle seroit encore la plus parfaite chose que la nature ait produite depuis long-temps. Il n'en est pas ainsi d'un misérable qui a besoin de sa voix pour être souffert des hommes, et qui a quelquefois à disputer contre M. Charpentier. Quand ce ne seroit que cette dernière raison, il doit risquer quelque chose, et la vie n'est pas d'un si grand prix qu'il ne la puisse hasarder pour se mettre en état d'interrompre un tel parleur. J'ai donc tenté l'aventure du demi-bain avec toute l'audace imaginable, mes valets faisant lire leur frayeur sur leur visage, et M. Bourdier s'étant retiré pour n'être point témoin d'une entreprise si téméraire. A vous dire vrai, cette aventure a été un peu semblable à celle des Maillotins dans don Quichotte; je veux dire qu'après bien des alarmes il s'est trouvé qu'il n'y avoit qu'à rire, puisque non seulement le bain ne m'a point augmenté la fluxion sur la poitrine, mais qu'il me l'a même fort soulagée, et que, s'il ne m'a pas rendu la voix, il m'a du moins en partie rendu la santé. Je ne l'ai encore essayé que quatre fois, et M. Amiot prétend le pousser jusqu'à dix. Après quoi, si la voix ne me revient, il me donnera mon congé. Je conçois un fort grand plaisir à vous revoir, et à vous embrasser; mais vous ne sauriez croire pourtant tout ce qui se présente d'affreux à mon esprit, quand je songe qu'il me faudra peut-être repasser muet par ces hôtelleries, et revenir sans voix dans ces mêmes lieux où l'on m'avoit tant de fois assuré que les eaux de Bourbon me guériroient infailliblement. Il n'y a que Dieu et vos consolations qui me puissent soutenir dans une si juste occasion de désespoir.

J'ai été fort frappé de l'agréable débauche de monseigneur chez madame la princesse de Conti. Mais ne songe-t-il point à l'insulte qu'il a faite par-là à tous messieurs de la faculté? Passe pour avaler le quinquina sans avoir la fièvre; mais de le prendre sans s'être préalablement fait saigner et purger, c'est une chose qui crie vengeance, et il y a une espèce d'effronterie à ne se point trouver mal après un tel attentat contre toutes les règles de la médecine. Si monseigneur et toute sa compagnie avoient avant tout pris une dose de séné dans quelque sirop convenable, cela lui auroit à la vérité coûté quelques tranchées, et l'auroit mis, lui et tous les autres, hors d'état de dîner; mais il y auroit eu au moins quelques formes gardées, et M. Bachot auroit trouvé le trait galant : au lieu que, de la manière dont la chose s'est faite, cela ne sauroit jamais être approuvé que des gens de cour et du monde, et non point des véritables disciples d'Hippocrate, gens à barbe vénérable, et qui ne verront point assurément ce qu'il peut y avoir eu de plaisant à tout cela. Que si personne n'en a été malade, ils vous répondront qu'il y a eu du sortilège. Et en effet, monsieur, de la manière dont vous me peignez Marly, c'est un véritable lieu d'enchantement; je ne doute point que les fées n'y habitent : en un mot, tout ce qui s'y dit et ce qui s'y fait me paroît enchanté; mais sur-tout les discours du maître du château ont quelque chose de fort ensorcelant, et ont un charme qui se fait sentir jusqu'à Bourbon. De quelque pitoyable manière que vous m'ayez conté la disgrace des comédiens, je n'ai pu m'empêcher d'en rire. Mais dites-moi, monsieur, supposé qu'ils aillent habiter où je vous ai dit, croyez-vous qu'ils boivent du vin du crû? Ce ne seroit pas une mauvaise pénitence à proposer à M. de Champmeslé pour tant de bouteilles de vin de Champagne qu'il a bues : vous savez aux dépens de qui. Vous avez raison de dire qu'ils auront là un merveilleux théâtre pour jouer les pièces de M. Pradon : et d'ailleurs ils y auront une commodité, c'est que, quand le souffleur aura oublié d'apporter la copie de ses ouvrages, il en retrouvera infailliblement une bonne partie dans les précieux dépôts qu'on apporte tous les matins en cet endroit. M. Fagon n'a point écrit à M. Bourdier. Faites bien des complimens pour moi à M. Roze. Les gens de son tempérament sont de fort dangereux ennemis ; mais il n'y a point aussi de plus chauds amis, et je sais qu'il a de l'amitié pour moi. Je vous félicite des conversations fructueuses que vous avez eues avec M. de Louvois, d'autant plus que j'aurai part à votre récolte. Ne craignez point que M. Marchand m'arrête à Bourbon : quelque amitié que j'aie pour lui, il n'entre point en balance avec vous ; et l'Andrienne n'apportera aucun mal. Je meurs d'envie de voir les *Réflexions* de M. Nicole, et je m'imagine que c'est Dieu qui me prépare ce livre à Paris pour me consoler de mon infortune. J'ai fort ri de la raillerie que vous me faites sur les gens à qui j'ai pardonné ; cependant savez-vous bien qu'il y a à cela plus de mérite que vous ne croyez, si le proverbe italien est véritable, que, *Chi offende non perdona ?*

L'action de M. de Lorraine ne me paroît point si inutile qu'on veut se l'imaginer, puisque rien ne peut mieux confirmer l'assurance de ses troupes, que de voir que les Turcs n'ont osé sortir de leurs retranchements, ni même donner sur son arrière-garde dans sa retraite: et il faut en effet que ce soient de grands coquins pour l'avoir ainsi laissé repasser la Drave. Croyez-moi, ils seront battus; et la retraite de M. de Lorraine a plus de rapport à la retraite de César, quand il décampa devant Pompée, qu'à l'affaire de Philisbourg. Quand vous verrez M. Hessein, faites-le ressouvenir que nous sommes frères en quinquina, puisqu'il nous a sauvé la vie à l'un et à l'autre. Vous pensez vous moquer; mais je ne sais pas si je n'en essaierai point pour le recouvrement de ma voix. Adieu, mon cher monsieur: aimez-moi toujours, et croyez qu'il n'y a rien au monde que j'aime plus que vous. Je ne sais où vous vous êtes mis en tête que vous m'aviez écrit une longue lettre, car je n'en ai jamais trouvé une si courte.

LETTRE XV.

AU MÊME.

Bourbon, 2 septembre 1687.

Ne vous étonnez pas, monsieur, si vous ne recevez pas les réponses à vos lettres aussi promptement que peut-être vous le souhaitez, parce que la poste est fort irrégulière à Bourbon, et qu'on ne sait pas trop bien quand il faut écrire. Je commence à songer à ma retraite. Voilà tantôt la dixième fois que je me baigne; et, à ne vous rien céler, ma voix est tout au même état que quand je suis arrivé. Le monosyllabe que j'ai prononcé n'a été qu'un effet de ces petits tons que vous savez qui m'échappent quelquefois quand j'ai beaucoup parlé, et mes valets ont été un peu trop prompts à crier miracle. La vérité est pourtant que le bain m'a renforcé les jambes, et fortifié la poitrine; mais pour ma voix, ni le bain ni la boisson des eaux ne m'ont de rien servi. Il faut donc s'en aller de Bourbon aussi muet que j'y suis arrivé. Je ne saurois vous dire quand je partirai; je prendrai brusquement mon parti, et Dieu veuille que le déplaisir ne me tue pas en chemin! Tout ce que je vous puis dire, c'est que jamais exilé n'a quitté son pays avec tant d'affliction que je retournerai au mien. Je vous dirai encore plus, c'est que sans votre considération je ne crois pas que j'eusse jamais revu Paris, où je ne conçois aucun autre plaisir que celui de vous revoir. Je suis bien fâché de la juste inquiétude que vous donne la fièvre de M. votre jeune fils; j'espère que cela ne sera rien : mais si quelque chose me fait craindre pour lui, c'est le nombre de bonnes qualités qu'il a [1], puisque je n'ai jamais vu d'enfant de son âge si accompli en toutes choses. M. Marchand est ar-

---

[1] Boileau parle ici du fils aîné de Racine.

rivé ici samedi. J'ai été fort aise de le voir; mais je ne tarderai guère à le quitter. Nous faisons notre ménage ensemble. Il est toujours aussi bon et aussi méchant homme que jamais. J'ai su par lui tout ce qu'il y a de mal à Bourbon, dont je ne savois pas un mot à son arrivée. Votre relation de l'affaire de Hongrie m'a fait un très grand plaisir, et m'a fait comprendre en très peu de mots ce que les plus longues relations ne m'auroient peut-être pas appris. Je l'ai débitée à tout Bourbon, où il n'y avoit qu'une relation d'un commis de M. Jacques, où, après avoir parlé du grand-vizir, on ajoutoit, entre autres choses, que « ledit vizir voulant réparer le grief qui lui avoit été fait, etc. » Tout le reste étoit de ce style. Adieu, mon cher monsieur : aimez-moi toujours, et croyez que vous seul êtes ma consolation.

Je vous écrirai en partant de Bourbon, et vous aurez de mes nouvelles en chemin : je ne sais pas trop le parti que je prendrai à Paris. Tous mes livres sont à Auteuil, où je ne puis plus désormais aller les hivers. J'ai résolu de prendre un logement pour moi seul[1]. Je suis las franchement d'entendre le tintamarre des nourrices et des servantes. Je n'ai qu'une chambre et point de meubles au cloître. Tout ceci soit dit entre nous; mais cependant je

---

[1] Boileau demeuroit alors chez M. Dongois, et avoit envie de vivre seul.

vous prie de me mander votre avis. N'ayant point de voix, il me faut du moins de la tranquillité. Je suis las de me sacrifier au plaisir et à la commodité d'autrui. Il n'est pas vrai que je ne puisse bien vivre et tenir seul mon ménage; ceux qui le croient se trompent grossièrement. D'ailleurs je prétends désormais mener un genre de vie dont tout le monde ne s'accommodera pas. J'avois pris des mesures que j'aurois exécutées si ma voix ne s'étoit point éteinte. Dieu ne l'a pas voulu. J'ai honte de moi-même, et je rougis des larmes que je répands en vous écrivant ces derniers mots.

LETTRE XVI.

A BOILEAU.

Paris, 5 septembre 1687.

J'avois destiné cette après-dînée à vous écrire fort au long; mais *un cousin, abusant d'un fâcheux parentage*, est venu malheureusement me voir, et il ne fait que de sortir de chez moi. Je ne vous écris donc que pour vous dire que je reçus avant-hier une lettre de vous. Le père Bouhours et le père Rapin étoient dans mon cabinet quand je la reçus. Je leur en fis la lecture en la décachetant, et je leur fis un fort grand plaisir. Je regardai pourtant de loin, à mesure que je la lisois, s'il n'y avoit rien dedans qui fût trop janséniste. Je vis vers la fin le nom de M. Nicole, et je sautai bravement, ou, pour mieux dire, lâchement, par-dessus. Je n'osai m'exposer à troubler la grande joie et même les éclats de rire que leur causèrent plusieurs choses fort plaisantes que vous me mandiez. Nous aurions été tous trois les plus contents du monde si nous eussions trouvé à la fin de votre lettre que vous parliez à votre ordinaire, comme nous trouvions que vous écriviez avec le même esprit que vous avez toujours eu. Ils sont, je vous assure, tous deux fort de vos amis, et même de fort bonnes gens. Nous avions été le matin entendre le père de Villiers, qui faisoit l'oraison funèbre de M. le Prince, grand-père de M. le Prince d'aujourd'hui. Il y a joint les louanges du dernier mort, et il s'est enfoncé jusqu'au cou dans le combat de Saint-Antoine ; Dieu sait combien judicieusement! En vérité il a beaucoup d'esprit ; mais il auroit bien besoin de se laisser conduire. J'annonçai au père Bouhours un nouveau livre qui excita fort sa curiosité. Ce sont les *Remarques de M. de Vaugelas, avec les Notes de Thomas Corneille* [1]. Cela est ainsi affiché dans Paris depuis quatre jours. Auriez-vous jamais cru voir ensemble M. de Vaugelas et M. de Corneille le jeune donnant des règles sur la langue ?

---

[1] Ce livre de Thomas Corneille parut en 1687, c'est-à-dire trente-sept ans après la mort de Vaugelas.

J'eusse bien voulu vous pouvoir mander que M. de Louvois est guéri, en vous mandant qu'il a été malade ; mais ma femme, qui revient de voir madame de La Chapelle, m'apprend qu'il a encore de la fièvre. Elle étoit d'abord comme continue, et même assez grande ; elle n'est présentement qu'intermittente, et c'est encore une des obligations que nous avons au quinquina. J'espère que je vous manderai lundi qu'il est absolument guéri. Outre l'intérêt du roi et celui du public, nous avons, vous et moi, un intérêt très particulier à lui souhaiter une bonne santé. On ne peut pas nous témoigner plus de bonté qu'il nous en témoigne ; et vous ne sauriez croire avec quelle amitié il m'a toujours demandé de vos nouvelles. Bon soir, mon cher monsieur. Je salue de tout mon cœur M. Marchand. Je vous écrirai plus au long lundi. Mon fils est guéri.

LETTRE XVII.

A RACINE.

Paris, 25 mars 1691.

Je ne voyois proprement que vous pendant que vous étiez à Paris ; et, depuis que vous n'y êtes plus, je ne vois plus, pour ainsi dire, personne. N'attendez donc pas que je vous rende nouvelles pour nouvelles, puisque je n'en sais aucune. D'ailleurs il n'est guère fait mention à Paris présentement que du siège de Mons[1], dont je ne crois pas vous devoir instruire. Les particularités que vous m'en avez mandées m'ont fait un fort grand plaisir. Je vous avoue pourtant que je ne saurois digérer que le roi s'expose comme il fait. C'est une mauvaise habitude qu'il a prise, dont il devroit se guérir; et cela ne s'accorde pas avec cette haute prudence qu'il fait paroître dans toutes ses autres actions. Est-il possible qu'un prince, qui prend si bien ses mesures pour assiéger Mons, en prenne si peu pour la conservation de sa propre personne! Je sais bien qu'il a pour lui l'exemple des Alexandre et des César qui s'exposoient de la sorte; mais avoient-ils raison de le faire? Je doute qu'il ait lu ce vers d'Horace:

Decipit exemplar vitiis imitabile.

Je suis ravi d'apprendre que vous êtes dans un couvent, en même cellule que M. de Cavoie; car bien que le logement soit un peu étroit, je m'imagine qu'on n'y garde pas trop étroitement les règles, et qu'on n'y fait pas la lecture pendant le dîner, si ce n'est peut-être de lettres pareilles à la mienne. Je vous dis bien en partant que je ne vous plaignois plus, puisque vous faisiez le voyage avec un homme tel que lui, auprès duquel on

---

[1] En 1691, on fit le siège de Mons.

trouve toutes sortes de commodités, et dont la compagnie pourroit consoler de toutes sortes d'incommodités. Et puis je vois bien qu'à l'heure qu'il est vous êtes un soldat parfaitement aguerri contre les périls et contre la fatigue. Je vois bien, dis-je, que vous allez recouvrer votre bonheur à Mons[1], et que toutes les mauvaises plaisanteries du voyage de Gand ne tomberont plus que sur moi. M. de Cavoie a déjà assez bien commencé à m'y préparer. Dieu veuille seulement que je les puisse entendre, au hasard même d'y mal répondre! Mais, à ne vous rien céler, non seulement mon mal ne finit point, mais je doute même qu'il guérisse. En récompense, me voilà fort bien guéri d'ambition et de vanité; et en vérité je ne sais si cette guérison-là ne vaut pas bien l'autre, puisqu'à mesure que les honneurs et les biens me fuient, il me semble que la tranquillité me vient.

J'ai été une fois à notre assemblée depuis votre départ. M. de La Chapelle ne manqua pas, comme vous vous le figurez bien, de proposer d'abord une médaille sur le siege de Mons; et j'en imaginai une sur le.... etc.

---

[1] Mons fut pris en 1691. Voyez la lettre suivante.

LETTRE XVIII.

A BOILEAU.

Au camp devant Mons, 3 avril 1691.

On nous avoit trop tôt mandé la prise de l'ouvrage à cornes : il ne fut attaqué pour la première fois qu'avant-hier; encore fut-il abandonné un moment après par les grenadiers du régiment des Gardes, qui s'épouvantèrent mal à propos, et que leurs officiers ne purent retenir, même en leur présentant l'épée nue comme pour les percer. Le lendemain, sur les neuf heures du matin, on recommença une autre attaque avec beaucoup plus de précaution que la précédente. On choisit pour cela huit compagnies de grenadiers, tant du régiment du Roi que d'autres régiments, qui tous méprisent fort les soldats des Gardes, qu'ils appellent des Pierrots. On commanda aussi cent cinquante mousquetaires des deux compagnies pour soutenir les grenadiers. L'attaque se fit avec une vigueur extraordinaire, et dura trois bons quarts d'heure; car les ennemis se défendirent en fort braves gens, et quelques uns d'entre eux se colletèrent même avec quelques uns de nos officiers. Mais comment auroient-ils pu faire? Pendant qu'ils étoient aux mains, tout nôtre canon tiroit sans discontinuer sur les deux demi-lunes qui devoient les couvrir, et d'où, malgré cette tempête de canon, on ne laissa pourtant pas de faire un feu épouvantable. Nos bombes tomboient aussi à tous moments sur ces demi-lunes, et sembloient les renverser sens dessus dessous. Enfin nos gens demeurèrent les maîtres, et s'établirent de manière qu'on n'a pas même osé depuis les inquiéter. Nous y avons bien perdu deux cents hommes, entre autres huit ou dix mousquetaires, du nombre desquels étoit le fils de M. le prince de Courtenai, qui a été trouvé mort dans la palissade de la demi-lune. Car quelques mousquetaires poussèrent jusque dans cette demi-lune, malgré la défense expresse de M. de Vauban et de M. de Maupertuis, croyant faire sans doute la même chose qu'à Valenciennes. Ils furent obligés de revenir fort vite sur leurs pas; et c'est là que la plupart furent tués ou blessés. Les grenadiers, à ce que dit M. de Maupertuis lui-même, ont été aussi braves que les mousquetaires. De huit capitaines, il y en a eu sept tués ou blessés. J'ai retenu cinq ou six actions ou paroles de simples grenadiers, dignes d'avoir place dans l'histoire, et je vous les dirai quand nous nous reverrons. M. de Chasteauvillain, fils de M. le grand-trésorier de Pologne, étoit à tout, et est un des hommes de l'armée le plus estimé. La Chesnaye a aussi fort bien fait. Je vous les nomme tous deux, parceque vous les connoissez particulièrement. Mais je ne vous puis dire assez de bien du premier, qui joint beaucoup d'esprit à une fort grande valeur. Je voyois toute l'attaque fort à mon aise, d'un peu loin à la vérité, mais j'avois de fort bonnes lunettes, que je ne pouvois presque tenir fermes, tant le cœur me battoit à voir tant de si braves gens dans le péril. On fit une suspension pour retirer les morts de part et d'autre. On trouva de nos mousquetaires morts dans le chemin couvert de la demi-lune. Deux mousquetaires blessés s'étoient couchés parmi ces morts de peur d'être achevés : ils se levèrent tout à coup sur leurs pieds, pour s'en revenir avec les morts qu'on remportoit; mais les ennemis prétendirent qu'ayant été trouvés sur leur terrain, ils devoient demeurer prisonniers. Notre officier ne put pas en disconvenir ; mais il voulut au moins donner de l'argent aux Espagnols, afin de faire traiter ces deux mousquetaires. Les Espagnols répondirent : « Ils seront mieux traités parmi nous que parmi vous, et nous avons de l'argent plus qu'il n'en faut pour nous et pour eux. » Le gouverneur fut un peu plus incivil; car M. de Luxembourg lui ayant envoyé une lettre par un tambour pour s'informer si le chevalier d'Estrade, qui s'est trouvé perdu, n'étoit point du nombre des prisonniers qui ont été faits dans ces deux actions, le gouverneur ne voulut ni lire la lettre, ni voir le tambour.

On a pris aujourd'hui deux manières de paysans qui étoient sortis de la ville avec des lettres pour M. de Castanaga. Ces lettres portoient que la place ne pouvoit plus tenir que cinq ou six jours. En récompense, comme le roi regardoit de la tranchée tirer nos batteries, un homme, qui apparemment étoit quelque officier ennemi, déguisé en soldat avec un simple habit gris, est sorti, à la vue du roi, de notre tranchée, et traversant jusqu'à une demi-lune des ennemis, s'est jeté dedans, et on a vu deux des ennemis venir au-devant de lui pour le recevoir. J'étois aussi dans la tranchée dans ce temps-là, et je l'ai conduit de l'œil jusque dans la demi-lune. Tout le monde a été surpris jusqu'au dernier point de son impudence; mais vraisemblablement il n'empêchera pas la place d'être prise dans cinq ou six jours. Toute la demi-lune est presque éboulée, et les remparts de ce côté-là ne tiennent plus à rien : on n'a jamais vu un tel feu d'artillerie. Quoique je vous dise que j'ai été dans la tranchée, n'allez pas croire que j'aie été dans aucun péril : les ennemis ne tiroient plus de ce côté-là, et nous étions tous, ou appuyés sur le parapet, ou debout sur le revers de la tranchée. Mais j'ai couru d'autres périls, que je vous conterai en riant quand nous serons de retour. Je suis, comme vous, tout consolé de la réception de F.... M Roze partit, fâché de voir, dit-il, l'académie *in pejus ruere*. Il vous fait ses baisemains avec des expressions très fortes, à son ordinaire. M. de Cavoie et quantité de nos communs amis m'ont chargé aussi de vous en faire. Voilà, ce me semble, une assez longue lettre; mais j'ai les pieds chauds, et je n'ai guere de plus grand plaisir que de causer avec vous. Je crois que le nez a saigné au prince d'Orange, et il n'est tantôt plus fait mention de lui. Vous me ferez un extrême plaisir de m'écrire, quand cela vous fera aussi quelque plaisir. Je vous prie de faire mes baisemains à M. de La Chapelle. Ayez la bonté de mander à ma femme que vous avez reçu de mes nouvelles.

J'ai oublié de vous dire que, pendant que j'étois sur le mont Pagnotte à regarder l'attaque, le R. P. de La Chaise étoit dans la tranchée, et même fort près de l'attaque, pour la voir plus distinctement. J'en parlois hier au soir à son frère, qui me dit tout naturellement : « Il se fera tuer un de ces jours. » Ne dites rien de cela à personne, car on croiroit la chose inventée, et elle est très vraie et très sérieuse.

LETTRE XIX.

AU MÊME.

Au camp de Gévries, 21 mai 1692. [1]

Il faut que j'aime M. Vigan autant que je fais, pour ne lui pas vouloir beaucoup de mal du contre-temps dont il a été cause. Si je n'avois pas eu des embarras tels que vous pouvez vous imaginer,

---

[1] Tous les évènements rapportés ici et dans les lettres suivantes, le siège de Namur, etc., sont arrivés en 1692.

je vous aurois été chercher à Auteuil. Je ne vous ai pas écrit pendant le chemin, parceque j'étois chagrin au dernier point d'un vilain clou qui m'est venu au menton, qui m'a fait de fort grandes douleurs, jusqu'à me donner la fièvre deux jours et deux nuits. Il est percé, Dieu merci, et il ne me reste plus qu'un emplâtre qui me défigure, et dont je me consolerois volontiers, sans toutes les questions importunes que cela m'attire à tout moment.

Le roi fit hier la revue de son armée et de celle de M. de Luxembourg. C'étoit assurément le plus grand spectacle qu'on ait vu depuis plusieurs siècles. Je ne me souviens point que les Romains en aient vu un tel; car leurs armées n'ont guère passé, ce me semble, quarante, ou tout au plus cinquante mille hommes; et il y avoit hier six vingt mille hommes ensemble sur quatre lignes. Comptez qu'à la rigueur il n'y avoit pas là dessus trois mille hommes à rabattre. Je commençai à onze heures du matin à marcher; j'allai toujours au grand pas de mon cheval, et je ne finis qu'à huit heures du soir; enfin on étoit deux heures à aller du bout d'une ligne à l'autre. Mais si on n'a jamais vu tant de troupes ensemble, assurez-vous que jamais on n'en a vu de si belles. Je vous rendrois un fort bon compte des deux lignes de l'armée du roi, et de la première de l'armée de M. de Luxembourg : mais quant à la seconde ligne, je ne vous en puis parler que sur la foi d'autrui. J'étois si las, si ébloui de voir briller des épées et des mousquets, si étourdi d'entendre des tambours, des trompettes et des timbales, qu'en vérité je me laissois conduire par mon cheval, sans plus avoir d'attention à rien; et j'eusse voulu de tout mon cœur que tous les gens que je voyois eussent été chacun dans leur chaumière, ou dans leur maison, avec leurs femmes et leurs enfants, et moi dans ma rue des Maçons avec ma famille. Vous avez peut-être trouvé dans les poëmes épiques les revues d'armée fort longues et fort ennuyeuses; mais celle-ci m'a paru tout autrement longue, et même, pardonnez-moi cette espèce de blasphème, plus lassante que celle de la Pucelle. J'étois au retour à peu près dans le même état que nous étions vous et moi dans la cour de l'abbaye de Saint-Amand. A cela près, je ne fus jamais si charmé et si étonné que je le fus de voir une puissance si formidable. Vous jugez bien que tout cela nous prépare de belles matières. On m'a donné un ordre de bataille des deux armées. Je vous l'aurois volontiers envoyé; mais il y en a ici mille copies, et je ne doute pas qu'il n'y en ait bientôt autant à Paris. Nous sommes ici campés le long de la Trouille, à deux lieues de Mons. M. de Luxembourg est campé près de Binche, partie sur le ruisseau qui passe aux Estives, et partie sur la Haisne, où ce ruisseau tombe. Son armée est de soixante-six bataillons et de deux cent neuf escadrons: celle du roi, de quarante-six bataillons et de quatre-vingt-dix escadrons. Vous voyez par-là que celle de M. de Luxembourg occupoit bien plus de terrain que celle du roi. Son quartier-général, j'entends celui de M. de Luxembourg, est à Thieusies. Vous trouverez tous ces villages dans la carte. L'une et l'autre se mettent en marche demain. Je pourrai bien n'être pas en état de vous écrire de cinq ou six jours; c'est pourquoi je vous écris aujourd'hui une si longue lettre. Ne trouvez point étrange le peu d'ordre que vous y trouverez : je vous écris au bout d'une table environnée de gens qui raisonnent de nouvelles, et qui veulent à tous moments que j'entre dans la conversation. Il vint hier de Bruxelles un rendu, qui dit que M. le prince d'Orange assembloit quelques troupes à Auderleck, qui en est à trois quarts de lieue. On demanda au rendu ce qu'on disoit à Bruxelles. Il répondit qu'on y étoit fort en repos, parcequ'on étoit persuadé qu'il n'y avoit à Mons qu'un camp volant, que le roi n'étoit point en Flandre, et que M. de Luxembourg étoit en Italie.

Je ne vous dis rien de la marine; vous êtes à la source, et nous ne savons qu'après vous. Vraisemblablement j'aurai bientôt de plus grandes choses à vous mander qu'une revue, quelque grande et quelque magnifique qu'elle ait été. M. de Cavoie vous baise les mains. Je ne sais ce que je ferois sans lui; il faudroit en vérité que je renonçasse aux voyages et au plaisir de voir tout ce que je vois. M. de Luxembourg, dès le premier jour que nous arrivâmes, envoya dans notre écurie un des plus commodes chevaux de la sienne pour m'en servir pendant la campagne. Vous n'avez jamais vu un homme de cette bonté et de cette magnificence : il est encore plus à ses amis, et plus aimable à la tête de sa formidable armée, qu'il n'est à Paris et à Versailles. Je vous nommerois au contraire certaines gens qui ne sont pas reconnoissables en ce pays-ci, et qui, tout embarrassés de la figure qu'ils y font, sont à peu près comme vous dépeignez le pauvre M. Jannart quand il commençoit une courante. Adieu, mon cher monsieur. Voilà bien du verbiage, mais je vous écris au courant de ma plume, et me laisse entraîner au plaisir que j'ai de causer avec vous comme si j'étois dans vos allées d'Auteuil. Je vous prie de vous souvenir de moi dans la petite académie, et d'assurer M. de Pontchartrain de mes très humbles respects. Faites aussi mille compliments pour moi à M. de La Chapelle. Je prévois qu'il y aura bientôt matière à des types plus magnifiques qu'il n'en a encore imaginé. Écrivez-moi le plus souvent que vous pourrez, et forcez votre paresse. Pendant que j'essuie de longues marches et des campements fort incommodes, serez-vous fort à plaindre quand vous n'aurez que la fatigue d'écrire des lettres bien à votre aise dans votre cabinet ?

LETTRE XX.

AU MÊME.

Du camp de Gévries, 22 mai 1692.

Comme j'étois fort interrompu hier en vous écrivant, je fis une grande faute dans ma lettre, dont je ne m'aperçus que lorsqu'on l'eut portée à la poste. Au lieu de vous dire que le quartier principal de M. de Luxembourg étoit aux hautes Estives, je vous marquai qu'il étoit à Thieusies, qui est un village à plus de trois ou quatre lieues de là, et où il devoit aller camper en partant des Estives, ce qu'on m'avoit dit; on parloit même de cela autour de moi pendant que j'écrivois. J'ai donc cru que je vous ferois plaisir de vous détromper, et qu'il valoit mieux qu'il vous en coûtât un petit port de lettre, que quelque grosse gageure où vous pourriez vous engager mal à propos, ou contre M. de La Chapelle, ou contre M. Hessein. J'ai sur-tout pâli quand j'ai songé au terrible inconvénient qui arriveroit si ce dernier avoit quelque avantage sur vous; car je me souviens du bois qu'il mettoit à la droite opiniâtrément, malgré tous les serments et toute la raison de M. de Guilleragues, qui en pensa devenir fou. Dieu vous garde d'avoir jamais tort contre un tel homme! Je monte en carrosse pour aller à Mons, où M. de Vauban m'a promis de me faire voir les nouveaux ouvrages qu'il y a faits. J'y allai l'autre jour dans ce même dessein; mais je souffrois alors tant de mal, que je ne songeai qu'à m'en revenir au plus vite.

LETTRE XXI.
AU MÊME.

Au camp devant Namur, 3 juin 1692.

J'AI été si troublé depuis huit jours de la petite-vérole de mon fils, que j'appréhendois qui ne fût fort dangereuse, que je n'ai pas eu le courage de vous mander aucunes nouvelles. Le siège a bien avancé durant ce temps-là, et nous sommes à l'heure qu'il est au corps de la place. Il n'a point fallu pour cela détourner la Meuse, comme vous m'écriviez qu'on le disoit à Paris, ce qui seroit une étrange entreprise; on n'a pas même eu besoin d'appeler les mousquetaires, ni d'exposer beaucoup de braves gens. M. de Vauban, avec son canon et ses bombes, a fait lui seul toute l'expédition. Il a trouvé des hauteurs en-deçà et au-delà de la Meuse, où il a placé ses batteries. Il a conduit sa principale tranchée dans un terrain assez resserré, entre des hauteurs et une espèce d'étang d'un côté, et la Meuse de l'autre. En trois jours il a poussé son travail jusqu'à un petit ruisseau qui coule au pied de la contrescarpe, et s'est rendu maître d'une petite contre-garde revêtue qui étoit en-deçà de la contrescarpe, et de là, en moins de seize heures, a emporté tout le chemin couvert, qui étoit garni de plusieurs rangs de palissades, a comblé un fossé large de dix toises et profond de huit pieds, et s'est logé dans une demi-lune qui étoit au-devant de la courtine, entre un demi-bastion qui est sur le bord de la Meuse à la gauche des assiégeants, et un bastion qui est à leur droite : en telle sorte que cette place si terrible, en un mot, Namur, a vu tous ses dehors emportés dans le peu de temps que je vous ai dit, sans qu'il en ait coûté au roi plus de trente hommes. Ne croyez pas pour cela qu'on ait eu affaire à des poltrons ; tous ceux de nos gens qui ont été à ces attaques sont étonnés du courage des assiégés. Mais vous jugerez de l'effet terrible du canon et des bombes quand je vous dirai, sur le rapport d'un officier espagnol qui fut pris hier dans les dehors, que notre artillerie leur a tué en deux jours douze cents hommes. Imaginez-vous trois batteries qui se croisent et tirent continuellement sur des pauvres gens qui sont vus d'en haut et de revers, et qui ne peuvent pas trouver un seul coin où ils soient en sûreté. On dit qu'on a trouvé les dehors tout pleins de corps dont le canon a emporté les têtes comme si on les avoit coupées avec des sabres. Cela n'empêche pas que plusieurs de nos gens n'aient fait des actions de grande valeur. Les grenadiers du régiment des Gardes-Françoises et ceux des Gardes-Suisses se sont entre autres extrêmement distingués. On raconte plusieurs actions particulières, que je vous redirai quelque jour, et que vous entendrez avec plaisir. Mais en voici une que je ne puis différer de vous dire, et que j'ai ouï conter au roi même. Un soldat du régiment des Fusiliers, qui travailloit à la tranchée, y avoit apporté un gabion; un coup de canon vint qui emporta son gabion; aussitôt il en alla poser à la même place un autre, qui fut sur-le-champ emporté par un autre coup de canon. Le soldat, sans rien dire, en prit un troisième, et l'alla poser; un troisième coup de canon emporta ce troisième gabion. Alors le soldat rebuté se tint en repos; mais son officier lui commanda de ne point laisser cet endroit sans gabion. Le soldat dit : « J'irai, mais j'y serai tué. » Il y alla, et, en posant son quatrième gabion, eut le bras fracassé d'un coup de canon. Il revint soutenant son bras pendant avec l'autre bras, et se contenta de dire à son officier : « Je l'avois bien dit. » Il fallut lui couper le bras qui ne tenoit presque à rien. Il souffrit cela sans desserrer les dents, et, après l'opération, dit froidement : « Je suis donc hors d'état de travailler; c'est maintenant au roi à me nourrir. » Je crois que vous me pardonnerez le peu d'ordre de cette narration, mais assurez-vous qu'elle est fort vraie. M. de Cavoie me presse d'achever ma lettre. Je vous dirai donc en deux mots pour l'achever qu'apparemment la ville sera prise en deux jours. Il y a déjà une grande brèche au bastion, et même un officier vient, dit-on, d'y monter avec deux ou trois soldats, et s'en est revenu parcequ'il n'étoit point suivi, et qu'il n'y avoit encore aucun ordre pour cela. Vous jugez bien que ce bastion ne tiendra guère ; après quoi il n'y a plus que la vieille enceinte de la ville, où les assiégés ne nous attendront pas : mais vraisemblablement la garnison laissera faire la capitulation aux bourgeois et se retirera dans le château, qui ne fait pas plus de peur à M. de Vauban que la ville. M. le prince d'Orange n'a point encore marché, et pourra bien marcher trop tard. Nous attendons avec impatience des nouvelles de la mer. Je ne suis point surpris de tout ce que vous me mandez du gouverneur qui a fait déserter votre assemblée à son pupille. J'ai ri de bon cœur de l'embarras où vous êtes sur le rang où vous devez placer M. de Richesource. Ce que vous dites des esprits médiocres est fort vrai, et m'a frappé, il y a long-temps, dans votre Poétique. M. de Cavoie vous fait mille baisemains, et M. Roze aussi, qui m'a confié les grands dégoûts qu'il avoit de l'académie, jusqu'à méditer même d'y faire retrancher les jetons, s'il n'étoit, dit-il, retenu par la charité. Croyez-vous que les jetons durent beaucoup, s'il ne tient qu'à la charité de M. Roze qu'ils ne soient retranchés ? Adieu, monsieur. Je vous conseille d'écrire un mot à

M. le contrôleur général lui-même, pour le prier de vous faire mettre sur l'état de distribution ; et cela sera fait aussitôt. Vous êtes pourtant en fort bonnes mains, puisque M. de Bie a promis de vous faire payer. C'est le plus honnête homme qui se soit jamais mêlé de finance. Mes compliments à M. de La Chapelle.

LETTRE XXII.

AU MÊME.

Au camp près de Namur, 15 juin 1692.

Je ne vous ai point écrit sur l'attaque d'avant-hier : je suis accablé des lettres qu'il me faut écrire à des gens beaucoup moins raisonnables que vous, et à qui il faut faire des réponses bien malgré moi. Je crois que vous n'aurez pas manqué de relations. Ainsi, sans entrer dans des détails ennuyeux, je vous manderai succinctement ce qui m'a le plus frappé dans cette action. Comme la garnison est au moins de six mille hommes, le roi avoit pris de fort grandes précautions pour ne pas manquer son entreprise. Il s'agissoit de leur enlever une redoute et un retranchement de plus de quatre cents toises de long, d'où il sera fort facile de foudroyer le reste de leurs ouvrages, cette redoute étant au plus haut de la montagne, et par conséquent pouvant commander aux ouvrages à cornes qui couvrent le château de ce côté-là. Ainsi le roi, outre les sept bataillons de tranchée, avoit commandé deux cents de ses mousquetaires, cent cinquante grenadiers à cheval, et quatorze compagnies d'autres grenadiers, avec mille ou douze cents travailleurs pour le logement qu'on vouloit faire ; et, pour mieux intimider les ennemis, il fit paroître tout à coup sur la hauteur la brigade de son régiment, qui est encore composée de six bataillons. Il étoit là en personne à la tête de son régiment, et donnoit ses ordres à la demi-portée du mousquet. Il avoit seulement devant lui trois gabions, que le comte de Fiesque, qui étoit son aide-de-camp de jour, avoit fait poser pour le couvrir. Mais ces gabions, presque tout pleins de pierres, étoient la plus dangereuse défense du monde; car un coup de canon qui eût donné dedans auroit fait un beau massacre de tous ceux qui étoient derrière. Néanmoins un de ces gabions sauva peut-être la vie au roi, ou à Monseigneur, ou à Monsieur, qui tous deux étoient à ses côtés; car il rompit le coup d'une balle de mousquet qui venoit droit au roi, et qui, en se détournant un peu, ne fit qu'une contusion au bras de M. le comte de Toulouse, qui étoit, pour ainsi dire, dans les jambes du roi.

Mais, pour revenir à l'attaque, elle se fit dans un ordre merveilleux. Il n'y eut pas jusqu'aux mousquetaires qui ne firent pas un pas plus qu'on ne leur avoit commandé. A la vérité, M. de

Maupertuis, qui marchoit à leur tête, leur avoit déclaré que, si quelqu'un osoit passer devant lui, il le tueroit. Il n'y en eut qu'un seul qui, ayant osé désobéir et passer devant lui, il le porta par terre de deux coups de sa pertuisane, qui ne le blessèrent pourtant point. On a fort loué la sagesse de M. de Maupertuis. Mais il faut vous dire aussi deux traits de M. de Vauban, que je suis assuré qui vous plairont. Comme il connoît la chaleur du soldat dans ces sortes d'occasions, il leur avoit dit : « Mes enfants, on ne vous défend pas de poursuivre les ennemis quand ils s'enfuiront, mais je ne veux pas que vous alliez vous faire échiner mal à propos sur la contrescarpe de leurs autres ouvrages. Je retiens donc à mes côtés cinq tambours pour vous rappeler quand il sera temps. Dès que vous les entendrez, ne manquez pas de revenir chacun à vos postes. » Cela fut fait comme il l'avoit concerté. Voilà pour la première précaution. Voici la seconde. Comme le retranchement qu'on attaquoit avoit un fort grand front, il fit mettre sur notre tranchée des espèces de jalons, vis-à-vis desquels chaque corps devoit attaquer et se loger pour éviter la confusion ; et la chose réussit à merveille. Les ennemis ne soutinrent point, et n'attendirent pas même nos gens : ils s'enfuirent après qu'ils eurent fait une seule décharge, et ne tirèrent plus que de leurs ouvrages à cornes. On en tua bien quatre ou cinq cents ; entre autres un capitaine espagnol, fils d'un grand d'Espagne, qu'on nomme le comte de Lemos. Celui qui le tua étoit un des grenadiers à cheval, nommé *Sans-raison*. Voilà un vrai nom de grenadier. L'Espagnol lui demanda quartier, et lui promit cent pistoles, lui montrant même sa bourse où il y en avoit trente-cinq. Le grenadier, qui venoit de voir tuer le lieutenant de sa compagnie, qui étoit un fort brave homme, ne voulut point faire de quartier, et tua son Espagnol. Les ennemis envoyèrent demander le corps, qui leur fut rendu, et le grenadier *Sans-raison* rendit aussi les trente-cinq pistoles qu'il avoit prises au mort, en disant : « Tenez, voilà son argent, dont je ne veux point ; les grenadiers ne mettent la main sur les gens que pour les tuer. » Vous ne trouverez point peut-être ces détails dans les relations que vous lirez ; et je m'assure que vous les aimerez bien autant qu'une supputation exacte du nom des bataillons, et de chaque compagnie des gens détachés, ce que M. l'abbé Dangeau ne manqueroit pas de rechercher très curieusement.

Je vous ai parlé du lieutenant de la compagnie des grenadiers qui fut tué, et dont *Sans-raison* vengea la mort. Vous ne serez peut-être pas fâché de savoir qu'on lui trouva un cilice sur le corps. Il étoit d'une piété singulière, et avoit même fait ses dévotions le jour d'auparavant. Respecté de toute l'armée pour sa valeur, accompagnée d'une douceur et d'une sagesse merveilleuse. Le roi l'estimoit beaucoup, et a dit, après sa mort, que c'étoit un homme qui pouvoit prétendre à tout. Il s'appeloit Roquevert. Croyez-vous que frère Roquevert ne valoit pas bien frère Muce? Et si M. de la Trappe l'avoit connu, auroit-il mis, dans la vie de frère Muce, que les grenadiers font profession d'être les plus grands scélérats du monde? Effectivement, on dit que dans cette compagnie il y a des gens fort réglés. Pour moi je n'entends guère de messe dans le camp qui ne soit servie par quelque mousquetaire, et où il n'y en ait quelqu'un qui communie, et cela de la manière du monde la plus édifiante.

Je ne vous dis rien de la quantité de gens qui reçurent des coups de mousquet ou des contusions tout auprès du roi : tout le monde le sait, et je crois que tout le monde en frémit. M. le Duc étoit lieutenant-général de jour, et y fit à la Condé, c'est tout dire. M. le Prince, dès qu'il vit que l'action alloit commencer, ne put s'empêcher de courir à la tranchée et de se mettre à la tête de tout. En voilà bien assez pour un jour.

Je ne puis pourtant finir sans vous dire un mot de M. de Luxembourg. Il est toujours vis-à-vis des ennemis, la Méhaigne entre deux, qu'on ne croit pas qu'ils osent passer. On lui amena avant-hier un officier espagnol, qu'un de nos partis avoit pris, et qui s'étoit fort bien battu. M. de Luxembourg, lui trouvant de l'esprit, lui dit : « Vous autres Espagnols, je sais que vous faites la guerre en honnêtes gens, et je la veux faire avec vous de même. » Ensuite il le fit dîner avec lui, puis lui fit voir toute son armée. Après quoi il le congédia, en lui disant : « Je vous rends votre liberté ; allez trouver M. le prince d'Orange, et dites-lui ce que vous avez vu. » On a su aussi, par un rendu, qu'un de nos soldats s'étant allé rendre aux ennemis, le prince d'Orange lui demanda pourquoi il avoit quitté l'armée de M. de Luxembourg : « C'est, dit le soldat, qu'on y meurt de faim ; mais, avec tout cela, ne passez pas la rivière, car assurément ils vous battront. »

Le roi envoya hier six mille sacs d'avoine et cinq cents bœufs à l'armée de M. de Luxembourg : et, quoi qu'ait dit le déserteur, je vous puis assurer qu'on y est fort gai, et qu'il s'en faut bien qu'on y meure de faim. Le général a été trois jours sans monter à cheval, passant le jour à jouer dans sa tente.

Le roi a eu nouvelle aujourd'hui que le baron de Serclas, avec cinq ou six mille chevaux de l'armée du prince d'Orange, avoit passé la Meuse à Huy, comme pour venir inquiéter le quartier de M. de Boufflers. Le roi prend ses mesures pour le bien recevoir.

Adieu, monsieur. Je vous manderai une autre fois des nouvelles de la vie que je mène, puisque vous en voulez savoir. Faites, je vous prie, part de cette lettre à M. de La Chapelle, si vous trouvez qu'elle en vaille la peine. Vous me ferez même beaucoup de plaisir de l'envoyer à ma femme quand vous l'aurez lue ; car je n'ai pas le temps de lui écrire, et cela pourra la réjouir elle et mon fils.

On est fort content de M. de Bonrepaux. J'ai écrit à M. de Pontchartrain le fils par le conseil de M. de La Chapelle. Une page de compliments m'a plus coûté cinq cents fois que les huit pages que je vous viens d'écrire. Adieu, monsieur. Je vous envie bien votre beau temps d'Auteuil, car il fait ici le plus horrible temps du monde

Je vous ai vu rire assez volontiers de ce que le vin fait quelquefois faire aux ivrognes. Hier un boulet de canon emporta la tête d'un de nos Suisses dans la tranchée. Un autre Suisse son camarade, qui étoit auprès, se mit à rire de toute sa force, en disant : « Oh! oh! cela est plaisant; il reviendra sans tête dans le camp. »

On a fait aujourd'hui trente prisonniers de l'armée du prince d'Orange, et ils ont été pris par un parti de M. de Luxembourg. Voici la disposition de l'armée des ennemis. M. de Bavière à la droite avec des Brandebourgs, et autres Allemands; M. de Valdeck est au corps de bataille avec les Hollandois; et le prince d'Orange, avec les Anglois, est à la gauche.

J'oubliois de vous dire que, quand M. le comte de Toulouse reçut son coup de mousquet, on entendit le bruit de la balle : et le roi demanda si quelqu'un étoit blessé. « Il me semble, dit en souriant le jeune prince, que quelque chose m'a touché. » Cependant la contusion étoit assez grosse, et j'ai vu la balle sur le galon de la manche, qui étoit tout noirci comme si le feu y avoit passé. Adieu, monsieur. Je ne saurois me résoudre à finir quand je suis avec vous.

En fermant ma lettre j'apprends que la présidente Barantin, qui avoit épousé M. de Courmaillon, ingénieur, a été pillée par un parti de Charleroi. Ils lui ont pris ses chevaux de carrosse et sa cassette, et l'ont laissée dans le chemin à pied. Elle venoit pour être auprès de son mari, qui avoit été blessé. Il est mort.

LETTRE XXIII.

AU MÊME.

Au camp près de Namur, 24 juin 1692.

Je laisse à M. de Valincour le soin de vous écrire la prise du château neuf. Voici seulement quelques circonstances qu'il oubliera peut-être dans sa relation.

Ce château neuf est appelé autrement le *Fort-Guillaume,* parceque c'est le prince d'Orange qui ordonna l'année passée de le faire construire, et qui avança pour cela dix mille écus de son argent. C'est un grand ouvrage à cornes, avec quelques redans dans le milieu de la courtine, selon que le terrain le demandoit. Il est situé de telle sorte que, plus on en approche, moins on le découvre; et depuis huit ou dix jours que notre canon le battoit il n'y avoit fait qu'une très petite brèche à passer deux hommes, et il n'y avoit pas une palissade du chemin couvert qui fût rompue. M. de Vauban a admiré lui-même la beauté de cet ouvrage. L'ingénieur qui l'a tracé, et qui a conduit tout ce qu'on y a fait, est un Hollandois nommé Cohorn. Il s'étoit enfermé dedans pour le défendre, et y avoit même fait creuser le fossé, disant qu'il s'y vouloit enterrer. Il en sortit hier avec la garnison, blessé d'un éclat de bombe. M. de Vauban a eu la curiosité de le voir, et, après lui avoir donné beaucoup de louanges, lui a demandé s'il jugeoit qu'on eût pu l'attaquer mieux qu'on n'a fait. L'autre fit réponse que, si on l'eût attaqué dans les formes ordinaires, et en conduisant une tranchée devant la courtine et les demi-bastions, il se seroit encore défendu plus de quinze jours, et qu'il nous en auroit coûté bien du monde; mais que de la manière dont on l'avoit embrassé de toutes parts il avoit fallu se rendre. La vérité est que notre tranchée est quelque chose de prodigieux, embrassant à la fois plusieurs montagnes et plusieurs vallées, avec une infinité de détours et de retours, autant presque qu'il y a de rues à Paris. Les gens de la cour commençoient à s'ennuyer de voir si longtemps remuer la terre. Mais enfin il s'est trouvé que, dès que nous avons attaqué la contrescarpe, les ennemis, qui craignoient d'être coupés, ont abandonné dans l'instant tout le chemin couvert;

et, voyant dans leur ouvrage vingt de nos grenadiers qui avoient grimpé par un petit endroit où on ne pouvoit monter qu'un à un, ils ont aussitôt battu la chamade. Ils étoient encore quinze cents hommes, tous gens bien faits s'il y en a au monde. Le principal officier qui les commandoit, nommé M. de Vimbergue, est âgé de près de quatre-vingts ans. Comme il étoit d'ailleurs fort incommodé des fatigues qu'il a souffertes depuis quinze jours, et qu'il ne pouvoit plus marcher, il s'étoit fait porter sur la petite brèche que notre canon avoit faite, résolu d'y mourir l'épée à la main. C'est lui qui a fait la capitulation; et il y a fait mettre qu'il lui seroit permis d'entrer dans le vieux château pour s'y défendre encore jusqu'à la fin du siège. Vous voyez par-là à quelles gens nous avons affaire, et que l'art et les précautions de M. de Vauban ne sont pas inutiles pour épargner bien des braves gens qui s'iroient faire tuer mal à propos. C'étoit encore M. le Duc qui étoit lieutenant-général de jour; et voici la troisième affaire qui passe par ses mains. Je voudrois que vous eussiez pu entendre de quelle manière aisée et même avec quel esprit il m'a bien voulu raconter une partie de ce que je vous mande; les réponses qu'il fit aux officiers qui le vinrent trouver pour capituler, et comme, en leur faisant mille honnêtetés, il ne laissoit pas de les intimider. On a trouvé le chemin couvert tout plein de corps morts, sans tous ceux qui étoient à demi enterrés dans l'ouvrage. Nos bombes ne les laissoient pas respirer; ils voyoient sauter à tout moment en l'air leurs camarades, leurs valets, leur pain, leur vin; ils étoient si las de se jeter par terre, comme on fait quand il tombe une bombe, que les uns se tenoient debout, au hasard de ce qui en pourroit arriver; les autres avoient creusé de petites niches dans des retranchements qu'ils avoient faits dans le milieu de l'ouvrage, et s'y tenoient plaqués tout le jour. Ils n'avoient d'eau que celle d'un petit trou qu'ils avoient creusé en terre, et ont passé ainsi quinze jours entiers. Le vieux château est composé de quatre autres forts, l'un derrière l'autre, et va toujours en s'étrécissant, en telle sorte que celui de ces forts qui est à l'extrémité de la montagne ne paroît pas pouvoir contenir trois cents hommes. Vous jugez bien quel fracas y feront nos bombes. Heureusement nous ne craignons pas d'en manquer sitôt. On en trouva hier chez les révérends pères jésuites de Namur douze cent soixante toutes chargées, avec leurs amorces. Les bons pères gardoient précieusement ce beau dépôt, sans en rien dire, espérant vraisemblablement de les rendre aux Espagnols, au cas qu'on nous fît lever le siège. Ils paroissoient pourtant les plus contents du monde d'être au roi; et ils me dirent à moi-même, d'un air riant et ouvert, qu'ils lui étoient trop obligés de les avoir délivrés de ces maudits protestants qui étoient en garnison à Namur, et qui avoient fait un prêche de leurs écoles. Le roi a envoyé le père recteur à Dole. Mais le père de La Chaise dit lui-même que le roi est trop bon, et que les supérieurs de leur compagnie seront plus sévères que lui. Adieu, monsieur.

J'oubliois de vous dire que je vis passer les deux otages que ceux du dedans de l'ouvrage à cornes envoyoient au roi. L'un avoit le bras en écharpe; l'autre la mâchoire à demi emportée, avec la tête bandée d'une écharpe noire; le dernier est un chevalier de Malte. Je vis aussi huit prisonniers qu'on amenoit du chemin couvert; ils faisoient horreur. L'un avoit un coup de baïonnette dans le côté, un autre un coup de mousquet dans la bouche; les six autres avoient le visage et les mains toutes brûlées du feu qui avoit pris à la poudre qu'ils avoient dans leurs havresacs.

LETTRE XXIV.[1]
AU MÊME.

Fontainebleau, 28 septembre 1692.

Je suppose que vous êtes de retour de votre voyage, afin que vous puissiez bientôt m'envoyer vos avis sur un nouveau cantique que j'ai fait de-

---

[1] Cette lettre et la suiv. sont de 1694; elles devroient précéder la 45ᵉ; car le diction. de l'acad. n'a été publié qu'en 1694, et la réception de l'abbé Ch. Boileau est de la même année. Villeroy ne fut créé *maréchal* qu'en 1693. Racine n'auroit donc pu lui donner ce titre qu'en 1693. Cependant nous croyons devoir conserver ici à ces lettres le rang et la date qu'elles ont dans toutes les éditions.

puis que je suis ici, et que je ne crois pas qui soit suivi d'aucun autre. Ceux que Moreau a mis en musique ont extrêmement plu : il est ici, et le roi doit les lui entendre chanter au premier jour. Prenez la peine de lire le septième chapitre de la Sagesse, d'où ces derniers vers ont été tirés : je ne les donnerai point qu'ils n'aient passé par vos mains; mais vous me ferez plaisir de me les renvoyer le plus tôt que vous pourrez. Je voudrois bien qu'on ne m'eût point engagé dans un embarras de cette nature; mais j'espère m'en tirer, en substituant à ma place ce M. Bardon que vous avez vu à Paris.

Vous savez bien, sans doute, que les Allemands ont repassé le Rhin, et même avec quelque espèce de honte. On dit qu'on leur a tué ou pris sept à huit cents hommes, et qu'ils ont abandonné trois pièces de canon.

Il est venu une lettre à Madame, par laquelle on lui mande que le Rhin s'étoit débordé tout à coup, et que près de quatre mille Allemands ont été noyés; mais au moment que je vous écris, le roi n'a point encore reçu de confirmation de cette nouvelle.

On dit que milord Barclay est devant Calais pour le bombarder : M. le maréchal de Villeroi s'est jeté dedans. Voilà toutes les nouvelles de la guerre. Si vous voulez, je vous en dirai d'autres de moindre conséquence.

M. de Toureil est venu ici présenter le dictionnaire de l'académie au roi et à la reine d'Angleterre, à Monseigneur, et aux ministres. Il a partout accompagné son présent d'un compliment : et on m'a assuré qu'il avoit très bien réussi partout. Pendant qu'on présentoit ainsi le dictionnaire de l'académie, j'ai appris que Léers, libraire d'Amsterdam, avoit aussi présenté au roi et aux ministres une nouvelle édition du dictionnaire de Furetière, qui a été très bien reçue. C'est M. de Croissy et M. de Pomponne qui ont présenté Léers au roi. Cela a paru un assez bizarre contre-temps pour le dictionnaire de l'académie, qui me paroît n'avoir pas tant de partisans que l'autre. J'avois dit plusieurs fois à M. Thierry qu'il auroit dû faire quelques pas pour ce dernier dictionnaire, et il ne lui auroit pas été difficile d'en avoir le privilège, peut-être même il ne le seroit pas encore. On commence à dire que le voyage de Fontainebleau pourra être abrégé de huit ou dix jours, à cause que le roi y est fort incommodé de la goutte. Il en est au lit depuis trois ou quatre jours ; il ne souffre pas pourtant beaucoup, Dieu merci, et il n'est arrêté au lit que par la foiblesse qu'il a encore aux jambes.

Il me paroît, par les lettres de ma femme, que mon fils a grande envie de vous aller voir à Auteuil. J'en serai fort aise, pourvu qu'il ne vous embarrasse point du tout. Je prendrai en même temps la liberté de vous prier de tout mon cœur de l'exhorter à travailler sérieusement, et à se mettre en état de vivre en honnête homme. Je voudrois bien qu'il n'eût pas l'esprit autant dissipé qu'il l'a par l'envie démesurée qu'il témoigne de voir des opéras et des comédies. Je prendrai là-dessus vos avis quand j'aurai l'honneur de vous voir; et cependant je vous supplie de ne lui pas témoigner le moins du monde que je vous aie fait aucune mention de lui. Je vous demande pardon de toutes les peines que je vous donne, et suis entièrement à vous.

LETTRE XXV.
AU MÊME.

Fontainebleau, 3 octobre 1694.

JE vous suis bien obligé de la promptitude avec laquelle vous m'avez fait réponse. Comme je suppose que vous n'avez pas perdu les vers que je vous ai envoyés, je vais vous dire mon sentiment sur vos difficultés, et en même temps vous communiquer plusieurs changements que j'avois déjà faits de moi-même; car vous savez qu'un homme qui compose fait souvent son thème en plusieurs façons.

Quand, par une fin soudaine,
Détrompés d'une ombre vaine
Qui passe et ne revient plus....

J'ai choisi ce tour, parcequ'il est conforme au texte, qui parle de la fin imprévue des réprouvés; et je voudrois bien que cela fût bon, et que vous pussiez passer et approuver *par une fin soudaine*, qui dit précisément la même chose. Voici comme j'avois mis d'abord,

> Quand, déchus d'un bien frivole,
> Qui comme l'ombre s'envole,
> Et ne revient jamais plus....

Mais ce *jamais* me paroît un peu mis pour remplir le vers; au lieu que *qui passe et ne revient plus* me sembloit assez plein et assez vif. D'ailleurs j'ai mis à la troisième stance *pour trouver un bien fragile*, et c'est la même chose qu'*un bien frivole*. Ainsi tâchez de vous accoutumer à la première manière, ou trouvez quelque autre chose qui vous satisfasse. Dans la seconde stance,

> Misérables que nous sommes,
> Où s'égaroient nos esprits?

Infortunés m'étoit venu le premier; mais le mot de *misérables*, que j'ai employé dans Phèdre, à qui je l'ai mis dans la bouche, et que l'on a trouvé assez bien, m'a paru avoir de la force en le mettant aussi dans la bouche des réprouvés, qui s'humilient et se condamnent eux-mêmes. Pour le second vers, j'avois mis,

> Diront-ils avec des cris...

Mais j'ai cru qu'on pouvoit leur faire tenir tout ce discours sans mettre *diront-ils*, et qu'il suffisoit de mettre à la fin *ainsi d'une voix plaintive*, et le reste, par où on fait entendre que tout ce qui précède est le discours des réprouvés. Je crois qu'il y en a des exemples dans les odes d'Horace.

Et voilà que triomphants...

Je me suis laissé entraîner au texte, *Ecce quomodò computati sunt inter filios Dei!* et j'ai cru que ce tour marquoit mieux la passion; car j'aurois pu mettre *et maintenant triomphants*, etc. Dans la troisième stance,

Qui nous montroit la carrière
De la bienheureuse paix.

On dit la carrière de la gloire, la carrière de l'honneur, c'est-à-dire par où on court à la gloire, à l'honneur. Voyez si l'on ne pourroit pas dire de même, la carrière de la bienheureuse paix; on dit même la carrière de la vertu. Du reste, je ne devine pas comment je le pourrois mieux dire. Il reste la quatrième stance. J'avois d'abord mis le mot de repentance : mais outre qu'on ne diroit pas bien les remords de la repentance, au lieu qu'on dit les remords de la pénitence; ce mot de pénitence, en le joignant avec tardive, est assez consacré dans la langue de l'Écriture, *serò pœnitentiam agentes*. On dit la pénitence d'Antiochus, pour dire une pénitence tardive et inutile; on dit aussi dans ce sens la pénitence des damnés. Pour la fin de cette stance, je l'avois changée deus heures après que ma lettre fut partie. Voici la stance entière :

> Ainsi d'une voix plaintive
> Exprimera ses remords
> La pénitence tardive
> Des inconsolables morts.
> Ce qui faisoit leurs délices,
> Seigneur, fera leurs supplices ;
> Et, par une égale loi,
> Les saints trouveront des charmes
> Dans le souvenir des larmes
> Qu'ils versent ici pour toi.

Je vous conjure de m'envoyer votre sentiment sur tout ceci.

J'ai dit franchement que j'attendois votre critique avant que de donner mes vers au musicien : et je l'ai dit à madame de Maintenon, qui a pris de là occasion de me parler de vous avec beaucoup d'amitié.

Le roi a entendu chanter les deux autres cantiques, et a été fort content de M. Moreau, à qui nous espérons que cela pourra faire du bien.

Il n'y a rien ici de nouveau. Le roi a toujours la goutte, et en est au lit. Une partie des princes sont revenus de l'armée, et les autres arriveront demain, ou après-demain.

Je vous félicite du beau temps que nous avons

ici; car je crois que vous l'avez aussi à Auteuil, et que vous en jouissez plus tranquillement que nous ne faisons ici. Je suis entièrement à vous.

La harangue de M. l'abbé Boileau a été trouvée très mauvaise en ce pays-ci. M. de Niert prétend que Richesource en est mort de douleur. Je ne sais pas si la douleur est bien vraie, mais la mort est très véritable.

LETTRE XXVI.
AU MÊME.

Fontainebleau, 5 octobre 1692.

Votre ancien laquais, dont j'ai oublié le nom, m'a fait grand plaisir ce matin en m'apprenant de vos nouvelles. A ce que je vois, vous êtes dans une fort grande solitude à Auteuil, et vous n'en partez point. Est-il possible que vous puissiez être si long-temps seul, et ne point faire du tout de vers? Je m'attends qu'à mon retour je trouverai votre satire des femmes entièrement achevée. Pour moi, il s'en faut bien que je sois aussi solitaire que vous. M. de Cavoie a voulu encore à toute force que je logeasse chez lui, et il ne m'a pas été possible d'obtenir de lui que je fisse tendre un lit dans votre maison, où je n'aurois pas été si magnifiquement que chez lui; mais j'y aurois été plus tranquillement et avec plus de liberté.

On reçut hier de bonnes nouvelles d'Allemagne. M. le maréchal de Lorge ayant fait assiéger par un détachement de son armée une petite ville nommée Pforzeim [1], entre Philisbourg et Dourlach, les Allemands ont voulu s'avancer pour la secourir. Il a eu avis qu'un corps de quarante escadrons avoit pris les devants, et n'étoit qu'à une lieue et demie de lui, ayant devant eux un ruisseau assez difficile à passer. La ville a été prise dès le premier jour, et cinq cents hommes qui étoient dedans ont été faits prisonniers de guerre.

Le lendemain M. de Lorge a marché avec toute son armée sur ces quarante escadrons que je vous ai dit, et a fait d'abord passer le ruisseau à seize de ses escadrons soutenus du reste de la cavalerie. Les ennemis, voyant qu'on alloit à eux avec cette vigueur, s'en sont fuis à vauderoute, abandonnant leurs tentes et leur bagage, qui a été pillé. On leur a pris deux pièces de canon, deux paires de timbales et neuf étendards, quantité d'officiers, entre autres leur général, qui est oncle de M. de Wirtemberg, et administrateur de ce duché, un général-major de Bavière, et plus de treize cents cavaliers. Ils en ont eu près de neuf cents tués sur la place. Il ne nous en a coûté qu'un maréchal des logis, un cavalier, et six dragons. M. de Lorge a abandonné au pillage la ville de Pforzeim, et une autre petite ville auprès de la-

---

[1] En 1692, M. de Lorge prit Pforzeim.

quelle étoient campés les ennemis. C'a été, comme vous voyez, une déroute; et il n'y a pas eu, à proprement parler, aucun coup de tiré de leur part : tout ce qu'on a pris et tué, c'a été en les poursuivant.

Le prince d'Orange est parti pour la Hollande. Son armée s'est rapprochée de Gand, et apparemment se séparera bientôt. M. de Luxembourg me mande qu'il est en parfaite santé. Le roi se porte à merveille.

LETTRE XXVII.
A RACINE.

Auteuil, 7 octobre 1692.

Je vous écrivis avant-hier[1] si à la hâte, que je ne sais si vous aurez bien conçu ce que je vous écrivois; c'est ce qui m'oblige à vous récrire aujourd'hui. Madame Racine vient d'arriver chez moi, qui s'engage à vous faire tenir ma lettre.

L'action de M. de Lorge est très grande et très belle; et j'ai déjà reçu une lettre de M. l'abbé Renaudot, qui me mande que M. de Pontchartrain veut qu'on travaille à faire une médaille pour cette action. Je crois que cela occupe déjà fort

---

[1] Cette lettre est perdue.

M. de La Chapelle ; mais pour moi je crois qu'il sera assez temps d'y penser vers la Saint-Martin.

Je vous mandois, le dernier jour, que j'ai travaillé à la satire des femmes pendant huit jours : cela est véritable ; mais il est vrai aussi que ma fougue poétique est passée presque aussi vite qu'elle est venue, et que je n'y pense plus à l'heure qu'il est. Je crois que, lorsque j'aurai tout amassé, il y aura bien cent vers nouveaux d'ajoutés ; mais je ne sais si je n'en ôterai pas bien vingt-cinq ou trente du lieutenant et de la lieutenante criminelle. C'est un ouvrage qui me tue par la multitude des transitions, qui sont, à mon sens, le plus difficile chef-d'œuvre de la poésie. Comme je m'imagine que vous avez quelque impatience d'en voir quelque chose, je veux bien vous en transcrire ici vingt ou trente vers ; mais c'est à la charge que foi d'honnête homme vous ne les montrerez à ame vivante, parceque je veux être absolument maître d'en faire ce que je voudrai, et que d'ailleurs je ne sais s'ils sont encore en l'état où ils demeureront [1]. Mais afin que vous en puissiez voir la suite, je vais vous mettre la fin de l'histoire de la lieutenante de la manière que je l'ai achevée.

Mais peut-être j'invente une fable frivole.
Soutiens donc tout Paris, qui, prenant la parole,

---

[1] Boileau a en effet changé quelques vers.

Sur ce sujet encor de bons témoins pourvu,
Tout prêt à le prouver, te dira : Je l'ai vu ;
Vingt ans j'ai vu ce couple, uni d'un même vice,
A tous mes habitants montrer que l'avarice
Peut faire dans les biens trouver la pauvreté,
Et nous réduire à pis que la mendicité.
Deux voleurs, qui chez eux pleins d'espérance entrèrent,
Enfin un beau matin tous deux les massacrèrent :
Digne et funeste fruit du nœud le plus affreux
Dont l'hymen ait jamais uni deux malheureux !
Ce récit passe un peu l'ordinaire mesure ;
Mais un exemple enfin si digne de censure
Peut-il dans la satire occuper moins de mots ?
Chacun sait son métier. Suivons notre propos.
Nouveau prédicateur aujourd'hui, je l'avoue,
Vrai disciple ou plutôt singe de Bourdaloue,
Je me plais à remplir mes sermons de portraits.
En voilà déjà trois peints d'assez heureux traits :
La louve, la coquette, et la parfaite avare
Il faut y joindre encor la revêche bizarre,
Qui sans cesse, d'un ton par la colère aigri,
Gronde, choque, dément, contredit un mari ;
Qui dans tous ses discours par quolibets s'exprime,
A toujours dans la bouche un proverbe, une rime ;
Et d'un roulement d'yeux aussitôt applaudit
Au mot aigrement fou qu'au hasard elle a dit.
Il n'est point de repos ni de paix avec elle.
Son mariage n'est qu'une longue querelle.
Laisse-t-elle un moment respirer son époux,
Ses valets sont d'abord l'objet de son courroux ;

Et, sur le ton grondeur lorsqu'elle les harangue,
Il faut voir de quels mots elle enrichit la langue :
Ma plume, ici traçant ces mots par alphabet,
Pourroit d'un nouveau tome augmenter Richelet.
Tu crains peu d'essuyer cette étrange furie :
En trop bon lieu, dis-tu, ton épouse nourrie
Jamais de tels discours ne te rendra martyr.
Mais, eût elle sucé la raison dans Saint-Cyr,
Crois-tu que d'une fille humble, honnête, charmante,
L'hymen n'ait jamais fait de femme extravagante ?
Combien n'a-t-on point vu de Philis aux doux yeux,
Avant le mariage anges si gracieux,
Tout à coup se changer en bourgeoises sauvages,
Vrais démons apporter l'enfer dans leurs ménages,
Et, découvrant l'orgueil de leurs rudes esprits,
Sous leur fontange altière asservir leurs maris !

En voilà plus que je ne vous avois promis. Mandez-moi ce que vous y aurez trouvé de fautes plus grossières.

J'ai envoyé des pêches à madame de Caylus, qui les a reçues, m'a-t-on dit, avec de grandes marques de joie. Je vous donne le bon soir, et suis tout à vous.

LETTRE XXVIII.

A BOILEAU.

Fontainebleau, 16 octobre 1692.

J'ai parlé à M. de Pontchartrain, le conseiller, du garçon qui vous a servi; et M. le comte de Fiesque, à ma prière, lui en a parlé aussi. Il m'a dit qu'il feroit son possible pour le placer; mais qu'il prétendoit que vous lui en écrivissiez vous-même, au lieu de lui faire écrire par un autre. Ainsi je vous conseille de forcer un peu votre paresse, et de m'envoyer une lettre pour lui, ou bien de lui écrire par la poste.

J'ai déjà fait naître à madame de Maintenon une grande envie de voir de quelle manière vous parlez de Saint-Cyr. Elle a paru fort touchée de ce que vous aviez eu même la pensée d'en parler; et cela lui donne occasion de dire mille biens de vous.

Pour moi, j'ai une extrême impatience de voir ce que vous me dites que vous m'enverrez. Je n'en ferai part qu'à ceux que vous voudrez, à personne même si vous le souhaitez.

Je crois pourtant qu'il sera très bon que madame de Maintenon voie ce que vous avez imaginé pour sa maison. Ne vous mettez pas en peine, je le lirai du ton qu'il faut, et je ne ferai point de tort à vos vers.

Il n'y a ici aucune nouvelle. L'armée de M. de Luxembourg commence à se séparer, et la cavalerie entre dans des quartiers de fourrage. Quelques gens vouloient hier que le duc de Savoie pensât à assiéger Nice à l'aide des galères d'Espagne ; mais le comte d'Estrées ne tardera guère à donner la chasse aux galères et aux vaisseaux espagnols, et doit arriver incessamment vers les côtes d'Italie.

Le roi grossit de quarante bataillons son armée de Piémont pour l'année prochaine, et je ne doute pas qu'il ne tire une rude vengeance des pays de M. de Savoie.

Mon fils m'a écrit une assez jolie lettre sur le plaisir qu'il a eu de vous aller voir, et sur une conversation qu'il a eue avec vous. Je vous suis plus obligé que vous ne le sauriez dire de vouloir bien vous amuser avec lui. Le plaisir qu'il prend d'être avec vous me donne assez bonne opinion de lui ; et s'il est jamais assez heureux pour vous entendre parler de temps en temps, je suis persuadé qu'avec l'admiration dont il est prévenu cela lui fera le plus grand bien du monde. J'espère que cet hiver vous voudrez bien faire chez moi de petits dînés dont je prétends tirer tant d'avantages. M. de Cavoie vous fait ses compliments. J'appris hier la mort du pauvre abbé de Saint-Réal. [1]

---

[1] L'abbé de Saint-Réal mourut en 1692.

LETTRE XXIX.
AU MÊME.

Versailles, ce mardi 8 avril 1693.

MADAME de Maintenon m'a dit ce matin que le roi avoit réglé notre pension à quatre mille francs pour moi, et à deux mille francs pour vous : cela s'entend sans y comprendre notre pension de gens de lettres. Je l'ai fort remerciée pour vous et pour moi. Je viens aussi tout à l'heure de remercier le roi. Il m'a paru qu'il avoit quelque peine qu'il y eût de la diminution; mais je lui ai dit que nous étions trop contents. J'ai plus appuyé encore sur vous que sur moi, et j'ai dit au roi que vous prendriez la liberté de lui écrire pour le remercier, n'osant pas lui venir donner la peine d'élever sa voix [1] pour vous parler. J'ai dit en propres paroles : « Sire, il a plus d'esprit que jamais, plus de zèle pour votre majesté, et plus d'envie de travailler pour votre gloire qu'il n'en a jamais eu. » Vous voyez enfin que les choses ont été réglées comme vous l'avez souhaité vous-même. Je ne laisse pas d'avoir une vraie peine de ce qu'il semble que je gagne à cela plus que vous [2]. Mais outre les dépenses et les

---

[1] Boileau commençoit à devenir un peu sourd.
[2] Ce scrupule est devenu bien rare parmi les gens de lettres.

fatigues des voyages, dont je suis assez aise que vous soyez délivré, je vous connois si noble et si plein d'amitié, que je suis assuré que vous souhaiteriez de bon cœur que je fusse encore mieux traité. Je serai très content si vous l'êtes en effet. J'espère vous revoir bientôt. Je demeure ici pour voir de quelle manière la chose doit tourner : car on ne m'a point encore dit si c'est par un brevet ou si c'est à l'ordinaire sur la cassette. Je suis entièrement à vous. Il n'y a rien de nouveau ici. On ne parle que du voyage, et tout le monde n'est occupé que de ses équipages.

Je vous conseille d'écrire quatre lignes au roi, et autant à madame de Maintenon, qui assurément s'intéresse toujours avec beaucoup d'amitié à tout ce qui vous touche. Envoyez-moi vos lettres par la poste, ou par votre jardinier, comme vous le jugerez à propos.

LETTRE XXX.
A RACINE.

Paris, 9 avril 1693.

ÊTES-VOUS fou avec vos compliments ? Ne savez-vous pas bien que c'est moi qui ai pour ainsi dire prescrit la chose de la manière qu'elle s'est faite ? et pouvez-vous douter que je ne sois parfaitement content d'une affaire où l'on m'accorde tout ce que je demande? Tout va le mieux du monde, et je suis encore plus réjoui pour vous que pour moi-même.

Je vous envoie deux lettres, que j'écris, suivant vos conseils, l'une au roi, l'autre à madame de Maintenon. Je les ai écrites sans faire de brouillon, et je n'ai point ici de conseil: ainsi je vous prie d'examiner si elles sont en état d'être données, afin que je les réforme si vous ne les trouvez pas bien. Je vous les envoie pour cela toutes décachetées; et, supposé que vous trouviez à propos de les présenter, prenez la peine d'y mettre votre cachet. Je verrai aujourd'hui madame Racine pour la féliciter. Je vous donne le bon jour, et suis tout à vous. Je ne reçus votre lettre qu'hier tout au soir, et je vous envoie mes trois lettres à huit heures par la poste. Voilà, ce me semble, une assez grande diligence pour le plus paresseux de tous les hommes.

LETTRE XXXI.

A BOILEAU.

Versailles, 11 avril 1693.

JE vous renvoie vos deux lettres [1] avec mes remarques, dont vous ferez tel usage qu'il vous plaira. Tâchez de me les renvoyer avant six heures,

---

[1] Les deux lettres au roi et à madame de Maintenon.

ou pour mieux dire avant cinq heures et demie du soir, afin que je les puisse donner avant que le roi entre chez madame de Maintenon. J'ai trouvé que *la trompette et les sourds* étoient trop joués, et qu'il ne falloit pas trop appuyer sur votre incommodité, moins encore chercher de l'esprit sur ce sujet. Du reste, les lettres seront fort bien, et il n'en faut pas davantage. Je m'assure que vous donnerez un meilleur tour aux choses que j'ai ajoutées. Je ne veux point faire attendre votre jardinier.

Je n'ai point encore de nouvelles de la manière dont notre affaire sera tournée. M. de Chevreuse veut que je laisse achever ce qu'il a commencé, et dit que nous nous en trouverons bien. Je vous conseille de lui écrire un mot à votre loisir. On ne peut pas avoir plus d'amitié qu'il en a pour vous.

LETTRE XXXII.

AU MÊME.

Versailles, 12 avril 1693.

Vos deux lettres sont à merveille, et je les donnerai tantôt. M. de Pontchartrain oublia de parler hier, et ne peut parler que dimanche. Mais j'en fus bien aise, parceque M. de Chevreuse aura le temps de le voir. M. de Pontchartrain me parla de notre autre pension, et de la petite académie, mais avec une bonté incroyable, en me disant que dans un autre temps il prétend bien faire d'autres choses pour vous et pour moi.

Je ne crois pas aller à Auteuil; ainsi ne m'y attendez point. Je ne crois pas même aller à Paris encore demain; et en ce cas je vous prie de tout mon cœur de faire bien mes excuses à M. de Pontchartrain, que j'ai une extrême impatience de revoir. Madame sa mère me demanda hier fort obligeamment si nous n'allions pas toujours chez lui; je lui dis que c'étoit bien notre dessein de recommencer à y aller.

J'envoie à Paris pour un volume de M. de Noailles, que mon laquais prétend avoir reporté chez lui, et qu'on n'y trouve point. Cela me désole. Je vous prie de lui dire si vous ne croyez point l'avoir chez vous.

LETTRE XXXIII.
AU MÊME.

Au Quesnoi, 30 mai 1693.

Le roi fait demain ses dévotions. Je parlai hier de M. le doyen [1] au père de La Chaise; il me dit

---

[1] L'abbé Boileau, frère de M. Despréaux. Il étoit alors doyen à Sens, et on obtint pour lui un canonicat de la Sainte-Chapelle.

qu'il avoit reçu votre lettre, me demanda des nouvelles de votre santé, et m'assura qu'il étoit fort de vos amis et de toute la famille. J'ai parlé ce matin à madame de Maintenon, et lui ai même donné une lettre que je lui avois écrite sur ce sujet, la mieux tournée que j'ai pu, afin qu'elle la pût lire au roi. M. de Chamlai, de son côté, proteste qu'il a déjà fait merveilles, et qu'il a parlé de M. le doyen comme de l'homme du monde qu'il estimoit le plus, et qui méritoit le mieux les graces de sa majesté. Il promet qu'il reviendra encore ce soir à la charge. Je l'ai échauffé de tout mon possible, et l'ai assuré de votre reconnoissance et de celle de M. le doyen et de MM. Dongois. Voilà, mon cher monsieur, où la chose en est. Le reste est entre les mains du bon Dieu, qui peut-être inspirera le roi en notre faveur. Nous en saurons demain davantage.

Quant à nos ordonnances, M. de Pontchartrain me promit qu'il nous les feroit payer aussitôt après le départ du roi. C'est à vous de faire vos sollicitations, soit par M. de Pontchartrain le fils, soit par M. l'abbé Bignon. Croyez-vous que vous fissiez mal d'aller vous-même une fois chez lui? Il est bien intentionné; la somme est petite : enfin on m'assure qu'il faut presser, et qu'il n'y a pas un moment à perdre. Quand vous aurez arraché cela de lui, il ne vous en voudra que plus de bien.

Il faudroit aussi voir ou faire voir M. de Bie, qui est le meilleur homme du monde, et qui le feroit souvenir de vous quand il fera l'état de distribution. Au reste, j'ai été obligé de dire ici, le mieux que j'ai pu, quelques uns des vers de votre satire à M. le prince. *Nosti hominem.* Il ne parle plus d'autre chose, et il me les a redemandés plus de dix fois.

M. le prince de Conti voudroit bien que vous m'envoyassiez l'histoire du lieutenant-criminel, dont il est sur-tout charmé M. le prince et lui ne font que redire les deux vers : *La mule et les chevaux au marché,* etc. Je vous conseille de m'envoyer tout cet endroit, et quelques autres morceaux détachés, si vous pouvez : assurez-vous qu'ils ne sortiront point de mes mains. M. le prince n'est pas moins touché de ce que j'ai pu retenir de votre ode. Je ne suis point surpris de la prière que M. de Pontchartrain le fils vous a faite en faveur de F...[1] Je savois bien qu'il avoit beaucoup d'inclination pour lui; et c'est pour cela même que M. de La Loubère n'en a guère. Mais enfin vous avez très bien répondu, et pour peu que F.... se reconnoisse, je vous conseillerois aussi de lui faire grace : mais, à dire vrai, il est bien tard, et la stance a fait un furieux progrès.

Je n'ai pas le temps d'écrire ce matin à M. de La Chapelle. Ayez la bonté de lui dire que tout ce qu'il a imaginé et vous aussi sur l'ordre de saint

---

[1] Fontenelle.

Louis me paroît fort beau; mais que pour moi je voudrois simplement mettre pour type la croix même de saint Louis, et la légende *Ordo militaris*, etc. Chercherons-nous toujours de l'esprit dans les choses qui en demandent le moins? Je vous écris tout ceci avec une rapidité épouvantable, de peur que la poste ne soit partie.

Il fait le plus beau temps du monde. Le roi, qui a eu une fluxion sur la gorge, se porte bien: ainsi nous serons bientôt en campagne. Je vous écrirai plus à loisir avant que de sortir du Quesnoi.

LETTRE XXXIV.
A RACINE.

Paris, 4 juin 1693.

Je vous écrivis hier au soir une assez longue lettre, et qui étoit toute remplie du chagrin que j'avois alors, causé par un tempérament sombre qui me dominoit, et par un reste de maladie; mais je vous en écris une aujourd'hui toute pleine de la joie que m'a causée l'agréable nouvelle que j'ai reçue. Je ne saurois vous exprimer l'allégresse qu'elle a excitée dans toute ma famille: elle a fait changer de caractère à tout le monde; M. Dongois le greffier est présentement un homme jovial et folâtre; M. l'abbé Dongois, un bouffon et un badin: enfin il n'y a personne qui ne se signale

par des témoignages extraordinaires de plaisir et
de satisfaction, et par des louanges et des exclamations sans fin sur votre bonté, votre générosité,
votre amitié, etc.

A mon sens néanmoins, celui qui doit être le
plus satisfait, c'est vous; et le contentement que
vous devez avoir en vous-même d'avoir obligé si
efficacement dans cette affaire tant de personnes
qui vous estiment et qui vous honorent depuis si
long-temps, est un plaisir d'autant plus agréable
qu'il ne procède que de la vertu, et que les ames
du commun ne sauroient ni se l'attirer ni le sentir.
Tout ce dont j'ai à vous prier maintenant, c'est de
me mander les démarches que vous croyez qu'il
faut que je fasse à l'égard du roi et du père de La
Chaise; et non seulement s'il faut, mais à peu près
ce qu'il faut que je leur écrive.

M. le doyen de Sens ne sait encore rien de ce
qu'on a fait pour lui. Jugez de sa surprise quand
il apprendra tout d'un coup le bien imprévu et
excessif que vous lui avez fait. Ce que j'admire le
plus, c'est la félicité de la circonstance qui a fait
que, demandant pour lui la moindre de toutes les
chanoinies de la Sainte-Chapelle, nous lui avons
obtenu la meilleure. *O factum benè!* Vous pouvez
compter que vous aurez désormais en lui un
homme qui disputera avec moi de zèle et d'amitié
pour vous.

J'avois résolu de ne vous envoyer la suite de
mon ode sur Namur que quand je l'aurois mise en

état de n'avoir plus besoin que de vos corrections ; mais en vérité vous m'avez fait trop de plaisir pour ne pas satisfaire sur-le-champ la curiosité que vous avez peut-être conçue de la voir. Ce dont je vous prie, c'est de ne la montrer à personne, et de ne la point épargner. J'y ai hasardé des choses fort neuves, jusqu'à parler de la plume blanche que le roi a sur son chapeau. Mais, à mon avis, pour trouver des expressions nouvelles en vers, il faut parler de choses qui n'aient point été dites en vers. Vous en jugerez, sauf à tout changer si cela vous déplaît [1].

L'ode sera de dix-huit stances, cela fait cent quatre-vingts vers. Je ne croyois pas aller si loin. Voici ce que vous n'avez point vu. Je vais le mettre sur l'autre feuillet.

> Déployez toutes vos rages,
> Princes, vents, peuples, frimas ;
> Ramassez tous vos nuages,
> Rassemblez tous vos soldats :
> Malgré vous Namur en poudre
> S'en va tomber sous la foudre
> Qui domta Lille, Courtrai,
> Gand la constante Espagnole,

---

[1] On voit par cette lettre, et par celle dans laquelle Racine demande à Boileau son avis sur un de ses cantiques spirituels, de quelle manière ces deux amis se consultoient mutuellement sur leurs ouvrages.

Luxembourg, Besançon, Dole,
Ipres, Mastricht et Cambrai.

Mes présages s'accomplissent :
Il commence à chanceler ;
Je vois ses murs qui frémissent,
Déjà prêts à s'écrouler.
Mars en feu, qui les domine,
De loin souffle leur ruine ;
Et les bombes, dans les airs
Allant chercher le tonnerre,
Semblent, tombant sur la terre,
Vouloir s'ouvrir les enfers.

Approchez, troupes altières
Qu'unit un même devoir :
A couvert de ces rivières,
Venez, vous pouvez tout voir.
Contemplez bien ces approches,
Voyez détacher ces roches,
Voyez ouvrir ce terrein,
Et dans les eaux, dans la flamme,
Louis, à tout donnant l'ame,
Marcher tranquille et serein.

Voyez dans cette tempête
Par-tout se montrer aux yeux
La plume qui ceint sa tête
D'un cercle si glorieux.
A sa blancheur remarquable,
Toujours un sort favorable

S'attache dans les combats ;
Et toujours avec la Gloire,
Mars, et sa sœur la Victoire,
Suivent cet astre à grands pas.

Grands défenseurs de l'Espagne,
Accourez tous, il est temps.
Mais déjà vers la Méhaigne,
Je vois vos drapeaux flottants.
Jamais ses ondes craintives
N'ont vu sur leurs foibles rives
Tant de guerriers s'amasser.
Marchez donc, troupe héroïque ; [1]
Au-delà de ce Granique
Que tardez-vous d'avancer ?

Loin de fermer le passage
A vos nombreux bataillons,
Luxembourg a du rivage
Reculé ses pavillons.
Hé quoi ! son aspect vous glace !
Où sont ces chefs pleins d'audace,
Jadis si prompts à marcher,
Qui devoient de la Tamise
Et de la Drave soumise
Jusqu'à Paris nous chercher ?

Cependant l'effroi redouble
Sur les remparts de Namur :

---

[1] On trouve ici plusieurs vers que l'auteur a changés.

Son gouverneur, qui se trouble,
S'enfuit sous son dernier mur.
Déjà jusques à ses portes
Je vois nos fières cohortes
S'ouvrir un large chemin ;
Et sur des monceaux de piques,
De corps morts, de rocs, de briques,
Monter le sabre à la main.

C'en est fait, je viens d'entendre
Sur les remparts éperdus
Battre un signal pour se rendre.
Le feu cesse, ils sont rendus.
Rappelez votre constance,
Fiers ennemis de la France ;
Et, désormais gracieux,
Allez à Liège, à Bruxelles,
Porter les humbles nouvelles
De Namur pris à vos yeux.

Pour moi que Phébus anime
De ses transports les plus doux,
Rempli de ce dieu sublime,
Je vais, plus hardi que vous,
Montrer que, sur le Parnasse,
Des bois fréquentés d'Horace
Ma muse sur son déclin
Sait encor les avenues,
Et des sources inconnues
A l'auteur de Saint-Paulin.

Je vous demande pardon de la peine que vous aurez peut-être à déchiffrer tout ceci, que je vous ai écrit sur un papier qui boit. Je vous le récrirois bien ; mais il est près de midi, et j'ai peur que la poste ne parte. Ce sera pour une autre fois. Je vous embrasse de tout mon cœur. [1]

LETTRE XXXV.

AU MÊME.

Paris, 6 juin 1693.

Je vous écrivis hier [2], avec toute la chaleur qu'inspire une méchante nouvelle, le refus que fait l'abbé de Paris de se démettre de sa chanoinie. Ainsi vous jugez bien par ma lettre que ce ne sont pas à l'heure qu'il est des remercîments que je médite, puisque je suis même honteux de ceux que j'ai déjà faits. A vous dire le vrai, le contre-

---

[1] On verra dans la lettre suivante que Boileau reconnut bientôt des négligences qui lui étoient échappées dans le morceau précédent, et qu'il a eu grand soin de corriger. Les meilleurs poëtes ne s'en aperçoivent pas dans la chaleur de la composition. On sait que Boileau composa cette ode en 1693.

[2] Cette lettre est perdue.

temps est fâcheux; et quand je songe aux chagrins qu'il m'a déjà causés, je voudrois presque n'avoir jamais pensé à ce bénéfice pour mon frère; je n'aurois pas la douleur de voir que vous vous soyez peut-être donné tant de peine si inutilement. Ne croyez pas toutefois, quoi qu'il puisse arriver, que cela diminue en moi le sentiment des obligations que je vous ai. Je sens bien qu'il n'y a qu'une étoile bizarre et infortunée qui pût empêcher le succès d'une affaire si bien conduite, et où vous avez également signalé votre prudence et votre amitié.

Je vous ai mandé par ma dernière lettre ce que M. de Pontchartrain avoit répondu à M. l'abbé Renaudot touchant nos ordonnances, comme il a fait de la distinction entre les raisons que vous aviez de le presser et celles que j'avois d'attendre.

Je ne doute point, monsieur, que vous ne soyez à la veille de quelque grand et heureux évènement; et, si je ne me trompe, le roi va faire la plus triomphante campagne qu'il ait jamais faite. Il fera grand plaisir à M. de La Chapelle, qui, si nous l'en voulions croire, nous engageroit déjà à imaginer une médaille sur la prise de Bruxelles, dont je suis persuadé qu'il a déjà fait le type en lui-même.

Vous m'avez fort réjoui de me mander la part qu'a madame de Maintenon dans notre affaire. Je ne manquerai pas de me donner l'honneur de lui écrire; mais il faut auparavant que notre embarras soit éclairci, et que je sache s'il faut parler sur le ton gai ou sur le ton triste.

Voici la quatrième lettre que vous devez avoir reçue de moi depuis six jours. Trouvez bon que je vous prie encore ici de ne rien montrer à personne du fragment informe que je vous ai envoyé, et qui est tout plein des négligences d'un ouvrage qui n'est point encore digéré. Le mot de *voir* y est répété par-tout jusqu'au dégoût. La stance : *Grands défenseurs de l'Espagne*, etc. rebat celle qui dit : *Approchez, troupes altières*, etc. Celle sur la plume blanche du roi est encore un peu en maillot, et je ne sais si je la laisserai avec *Mars, et sa sœur la Victoire*. J'ai déjà retouché à tout cela; mais je ne veux point l'achever que je n'aie reçu vos remarques, qui sûrement m'éclaireront encore l'esprit; après quoi je vous enverrai l'ouvrage complet.

Mandez-moi si vous croyez que je doive parler de M. de Luxembourg. Vous n'ignorez pas combien notre maître est chatouilleux sur les gens qu'on associe à ses louanges. Cependant j'ai suivi mon inclination. Adieu, mon cher monsieur. Croyez qu'heureux ou malheureux, gratifié ou non gratifié, payé ou non payé, je serai toujours tout à vous.

LETTRE XXXVI.

A BOILEAU.

Gemblours, 9 juin 1693.

J'avois commencé une grande lettre où je prétendois vous dire mon sentiment sur quelques endroits des stances [1] que vous m'avez envoyées : mais comme j'aurai le plaisir de vous revoir bientôt, puisque nous nous en retournons à Paris, j'aime mieux attendre à vous dire de vive voix tout ce que j'avois à vous mander. Je vous dirai seulement en un mot que les stances m'ont paru très belles et très dignes de celles qui les précèdent, à quelque peu de répétitions près, dont vous vous êtes aperçu vous-même.

Le roi fait un grand détachement de ses armées, et l'envoie en Allemagne avec Monseigneur. Il a jugé qu'il falloit profiter de ce côté-là d'un commencement de campagne qui paroît si favorable, d'autant plus que le prince d'Orange s'opiniâtrant à demeurer sous de grosses places et derrière des canaux et des rivières, la guerre auroit pu devenir ici fort lente, et peut-être moins utile que ce qu'on peut faire au-delà du Rhin.

---

[1] Quelques stances de l'ode sur la prise de Namur.

Nous allons demain coucher à Namur. M. de Luxembourg demeure en ce pays-ci avec une armée capable non seulement de faire tête aux ennemis, mais même de leur donner beaucoup d'embarras. Adieu, mon cher monsieur, je me fais un grand plaisir de vous embrasser bientôt.

LETTRE XXXVII.

AU MÊME.

Au Quesnoi, le ... juin 1693.

Vous verrez, par la lettre que j'écris à M. l'abbé Dongois, les obligations que vous avez à sa majesté. M. le doyen est chanoine de la Sainte-Chapelle, et est bien mieux encore que je n'avois demandé. Madame de Maintenon m'a chargé de vous bien faire ses baisemains. Elle mérite bien que vous lui fassiez quelque remercîment, ou du moins que vous fassiez d'elle une mention honorable qui la distingue de tout son sexe, comme en effet elle en est distinguée de toute manière. Je suis content au dernier point de M. de Chamlai, et il faut absolument que vous lui écriviez, aussi-bien qu'au père de La Chaise, qui a très bien servi M. le doyen. Tout le monde m'a chargé ici de vous faire ses compliments, entre autres M. de Cavoie et M. de Sérignan. M. le prince de Conti même m'a

témoigné prendre beaucoup de part à votre joie.
Nous partons mardi matin pour aller camper sous
Mons. Le roi se mettra à la tête de l'armée de
M. de Boufflers; M. de Luxembourg avec la sienne
nous côtoiera de fort près. Le roi envoie les dames
à Maubeuge. Ainsi nous voilà à la veille de grandes
nouvelles. Je vous donne le bon soir, et suis entièrement à vous.

Songez à nos ordonnances. Prenez aussi la peine
de recommander à M. Dongois le petit Mercier,
valet-de-chambre de madame de Maintenon. Il
voudroit avoir pour commissaire pour la conclusion de son affaire, ou M. l'abbé Brunet, ou
M. l'abbé Petit. Si cela se peut faire dans les règles,
et sans blesser la conscience, il faudroit tâcher de
lui faire avoir ce qu'il demande.

LETTRE XXXVIII.
A RACINE.

Paris, 13 juin 1693.

JE ne suis revenu que ce matin d'Auteuil, où j'ai
été passer durant quatre jours la mauvaise humeur
que m'avoit donnée le bizarre contre-temps qui nous
est arrivé dans l'affaire de la chanoinie. J'ai reçu
en arrivant à Paris votre dernière lettre, qui m'a
fort consolé, aussi-bien que celle que vous avez
écrite à M. l'abbé Dongois.

J'ai été fort surpris d'apprendre que M. de Chamlai n'avoit point encore reçu le compliment que je lui ai envoyé sur-le-champ, et qui a été porté à la poste en même temps que la lettre que j'ai écrite au révérend père de La Chaise. Je lui en écris un nouveau, afin qu'il ne me soupçonne pas de paresse dans une occasion où il m'a si bien marqué et sa bonté pour moi, et sa diligence à obliger mon frère. Mais, de peur d'une nouvelle méprise, je vous l'envoie, ce compliment, empaqueté dans ma lettre, afin que vous le lui rendiez en main propre.

Je ne saurois vous exprimer la joie que j'ai du retour du roi. La nouvelle bonté que sa majesté m'a témoignée, en accordant à mon frère le bénéfice que nous demandons, a encore augmenté le zèle et la passion très sincère que j'ai pour elle. Je suis ravi de voir que sa sacrée personne ne sera point en danger cette campagne; et, gloire pour gloire, il me semble que les lauriers sont aussi bons à cueillir sur le Rhin et sur le Danube que sur l'Escaut et sur la Meuse. Je ne vous parle point du plaisir que j'aurai à vous embrasser plus tôt que je ne croyois; car cela va sans dire.

Vous avez bien fait de ne me point envoyer par écrit vos remarques sur mes stances, et d'attendre à m'en entretenir que vous soyez de retour, puisque, pour en bien juger, il faut que je vous aie communiqué auparavant les différentes manières dont je les puis tourner, et les retranchements ou les augmentations que j'y puis faire.

Je vous prie de bien témoigner au révérend père de La Chaise l'extrême reconnoissance que j'ai de toutes ses bontés. Nous devons encore aller lundi prochain, M. Dongois et moi, prendre madame Racine pour la mener avec nous chez M. de Bie, qui ne doit être revenu de la campagne que ce jour-là.

J'ai fait ma sollicitation pour vous à M. l'abbé Bignon. Il m'a dit que c'étoit une chose un peu difficile à l'heure qu'il est d'être payé au trésor royal. Je lui ai représenté que vous étiez actuellement dans le service, et qu'ainsi vous étiez au même droit que les soldats et les autres officiers du roi. Il m'a avoué que je disois vrai, et s'est chargé d'en parler très fortement à M. de Pontchartrain. Il me doit rendre réponse aujourd'hui à notre assemblée. Adieu le type de M. de La Chapelle sur Bruxelles. Il étoit pourtant imaginé fort heureusement et fort à propos. Mais, à mon sens, les médailles prophétiques dépendent un peu du hasard, et ne sont pas toujours sûres de réussir. Nous voilà revenus à Heidelberg. Je propose pour mot, *Hidelberga deleta*; et nous verrons ce soir si on l'acceptera, ou les deux vers latins que propose M. Charpentier, et qu'il trouve d'un goût merveilleux pour la médaille. Les voici : *Servare potui, perdere an possim rogas?* Or, comment cela vient à Heidelberg, c'est à vous à le deviner, car ni moi, ni même, je crois, M. Charpentier, n'en savons rien.

Je ne vous parle presque point, comme vous voyez, de notre chagrin sur la chanoinie, parceque vos lettres m'ont rassuré, et que d'ailleurs il n'y a point de chagrin qui tienne contre le bonheur que vous me faites espérer de vous revoir bientôt ici de retour. Adieu, mon cher monsieur. Aimez-moi toujours. et croyez qu'il n'y a personne qui vous honore et vous révère plus que moi.

LETTRE XXXIX.

AU MÊME.

Paris, jeudi au soir 1693.

Je ne saurois, mon cher monsieur, vous exprimer ma surprise; et quoique j'eusse les plus grandes espérances du monde, je ne laissois pas encore de me défier de la fortune de M. le doyen. C'est vous qui avez tout fait, puisque c'est à vous que nous devons l'heureuse protection de madame de Maintenon. Tout mon embarras maintenant est de savoir comment je m'acquitterai de tant d'obligations que je vous ai. Je vous écris ceci de chez M. Dongois le greffier, qui est sincèrement transporté de joie, aussi-bien que toute notre famille; et, de l'humeur dont je vous connois, je suis sûr que vous seriez ravi vous-même de voir combien d'un seul coup vous avez fait d'heureux. Adieu, mon cher monsieur : croyez qu'il n'y a personne qui vous aime plus sincèrement ni par plus de raisons que moi. Témoignez bien à M. de Cavoie la joie que j'ai de sa joie, et à M. de Luxembourg mes profonds respects. Je vous donne le bon soir, et suis, autant que je le dois, tout à vous.

LETTRE XL.

A BOILEAU.

Versailles, 9 juillet 1693.

Je vais aujourd'hui à Marly, où le roi demeurera près d'un mois; mais je ferai de temps en temps quelques voyages à Paris, et je choisirai les jours de la petite académie. Cependant je suis bien fâché que vous ne m'ayez pas donné votre ode : j'aurois peut-être trouvé quelque occasion de la lire au roi. Je vous conseille même de me l'envoyer. Il n'y a pas plus de deux lieues d'Auteuil à Marly. Votre laquais n'aura qu'à me demander et me chercher dans l'appartement de M. Félix. Je vous prie de renvoyer mon fils à sa mère : j'appréhende que votre grande bonté ne vous coûte un peu trop d'incommodité. Je suis entièrement à vous.

LETTRE XLI.
AU MÊME.

Marly, 6 août au matin, 1693.

Je ferai vos présents ce matin. Je ne sais pas bien encore quand je vous reverrai, parcequ'on attend à toute heure des nouvelles d'Allemagne. La victoire de M. de Luxembourg est bien plus grande que nous ne pensions, et nous n'en savions pas la moitié. Le roi reçoit tous les jours des lettres de Bruxelles et de mille autres endroits, par où il apprend que les ennemis n'avoient pas une troupe ensemble le lendemain de la bataille; presque toute l'infanterie qui restoit avoit jeté ses armes. Les troupes hollandoises se sont la plupart enfuies jusqu'en Hollande. Le prince d'Orange, qui pensa être pris, après avoir fait des merveilles, coucha le soir, lui huitième, avec M. de Bavière, chez un curé près de Loo. Nous avons pris vingt-cinq ou trente drapeaux, cinquante-cinq étendards, soixante-seize pièces de canon, huit mortiers, neuf pontons, sans tout ce qui est tombé dans la rivière. Si nos chevaux, qui n'avoient point mangé depuis deux fois vingt-quatre heures, eussent pu marcher, il ne resteroit pas un corps de troupes aux ennemis.

Tout en vous écrivant il me vient en pensée de vous envoyer deux lettres, une de Bruxelles, l'autre de Vilvorde, et un récit du combat en général, qui me fut dicté hier au soir par M. d'Albergotti. Croyez que c'est comme si M. de Luxembourg l'avoit dicté lui-même. Je ne sais si vous le pourrez lire; car en écrivant j'étois accablé de sommeil, à peu près comme étoit M. Puy-Morin en écrivant ce bel arrêt sous M. Dongois [1]. Le roi est transporté de joie, et tous ses ministres, de la grandeur de cette action.

Vous me feriez un fort grand plaisir, quand vous aurez lu tout cela, de l'envoyer bien cacheté, avec cette même lettre que je vous écris, à M. l'abbé Renaudot, afin qu'il ne tombe point dans l'inconvénient de l'année passée. Je suis assuré qu'il vous en aura obligation. Il pourra distribuer une partie des choses que je vous envoie en plusieurs articles, tantôt sous celui de Bruxelles, tantôt sous celui de Landefermé, où M. de Luxembourg campa le 31 juillet, à demi-lieue du champ de bataille, tantôt même sous l'article de Malines, ou de Vilvorde.

Il saura d'ailleurs les actions des principaux

---

[1] M. Dongois étant obligé de passer la nuit à dresser le dispositif d'un arrêt d'ordre, le dictoit à M. Puy-Morin, frère de Boileau; et M. Puy-Morin écrivoit si promptement, que M. Dongois étoit étonné que ce jeune homme eût tant de disposition pour la pratique. Après avoir dicté pendant deux heures, il voulut lire l'arrêt, et trouva que le jeune Puy-Morin n'avoit écrit que le dernier mot de chaque phrase.

particuliers, comme, que M. de Chartres chargea trois ou quatre fois à la tête de divers escadrons, et fut débarrassé des ennemis, ayant blessé de sa main l'un d'eux qui le vouloit emmener; le pauvre Vacoigne tué à son côté; M. d'Arci, son gouverneur, tombé aux pieds de ses chevaux, le sien ayant été blessé; La Bertière, son sous-gouverneur, aussi blessé. M. le prince de Conti chargea aussi plusieurs fois, tantôt avec la cavalerie, tantôt avec l'infanterie, et regagna pour la troisième fois le fameux village de Nerwinde, qui donne le nom à la bataille, et reçut sur la tête un coup de sabre d'un des ennemis, qu'il tua sur-le-champ. M. le duc chargea de même, regagna la seconde fois le village à la tête de l'infanterie, et combattit encore à la tête de plusieurs escadrons. M. de Luxembourg étoit, dit-on, quelque chose de plus qu'humain, volant par-tout, et même s'opiniâtrant à continuer les attaques dans le temps que les plus braves étoient rebutés, menant en personne les bataillons et les escadrons à la charge. M. de Montmorenci, son fils aîné, après avoir combattu plusieurs fois à la tête de sa brigade de cavalerie, reçut un coup de mousquet, dans le temps qu'il se mettoit au-devant de son père pour le couvrir d'une décharge horrible que les ennemis firent sur lui. M. le comte son frère a été blessé à la jambe, M. de La Roche-Guyon au pied, et tous les autres que sait M. l'abbé; M. le maréchal de Joyeuse blessé aussi à la cuisse, et retournant au combat après sa blessure. M. le maréchal de Villeroi entra dans les lignes ou retranchements, à la tête de la maison du roi.

Nous avons quatorze cents prisonniers, entre lesquels cent soixante-cinq officiers, plusieurs officiers généraux, dont on aura sans doute donné les noms. On croit le pauvre Ruvigni tué, on a ses étendards; et ce fut à la tête de son régiment de François que le prince d'Orange chargea nos escadrons, en renversa quelques uns, et enfin fut renversé lui-même. Le lieutenant-colonel de ce régiment, qui fut pris, dit à ceux qui le prenoient, en leur montrant de loin le prince d'Orange : « Tenez, messieurs, voilà celui qu'il vous falloit prendre. » Je conjure M. l'abbé Renaudot, quand il aura fait son usage de tout ceci, de bien recacheter et cette lettre et mes mémoires, et de les renvoyer chez moi.

Voici encore quelques particularités. Plusieurs généraux des ennemis étoient d'avis de repasser d'abord la rivière. Le prince d'Orange ne voulut pas : l'électeur de Bavière dit qu'il falloit au contraire rompre tous les ponts, et qu'ils tenoient à ce coup les François. Le lendemain du combat M. de Luxembourg a envoyé à Tirlemont, où il étoit resté plusieurs officiers ennemis blessés, entre autres le comte de Solms, général de l'infanterie, qui s'est fait couper la jambe. M. de Luxembourg, au lieu de les faire transporter en cet état, s'est contenté de leur parole, et leur a fait offrir toutes sortes de rafraîchissements. « Quelle nation est la vôtre ! » s'écria le comte de Solms, en parlant au chevalier du Rozel : « vous vous battez comme des lions, et vous traitez les vaincus comme s'ils étoient vos meilleurs amis. » Les ennemis commencent à publier que la poudre leur manqua tout à coup, voulant par-là excuser leur défaite. Ils ont tiré plus de neuf mille coups de canon, et nous quelque cinq ou six mille.

Je fais mille compliments à M. l'abbé Renaudot, et j'exciterai ce matin M. de Croissy à empêcher, s'il peut, le malheureux Mercure galant de défigurer notre victoire.

Il y avoit sept lieues du camp d'où M. de Luxembourg partit jusqu'à Nerwinde. Les ennemis avoient cinquante-cinq bataillons et cent soixante escadrons.

LETTRE XLII.

AU MÊME.

1694.

Denys d'Halicarnasse, pour montrer que la beauté du style consiste principalement dans l'arrangement des mots, cite un endroit de l'Odyssée où Ulysse et Eumée étant sur le point de se mettre à table pour déjeuner, Télémaque arrive tout à coup dans la maison d'Eumée : les chiens, qui le sentent approcher, n'aboient point, mais remuent la queue ; ce qui fait voir à Ulysse que c'est quelqu'un de connoissance qui est sur le point d'arriver. Denys d'Halicarnasse, ayant rapporté tout cet endroit, fait cette réflexion, que ce n'est point le choix des mots qui en fait l'agrément, la plupart de ceux qui y sont employés étant, dit-il, très vils et très bas, ἐυτελεςάτων τε κ' ταπεινοτάτων, mots qui sont tous les jours dans la bouche des moindres laboureurs et des moindres artisans, et qui ne laissent pas de charmer par la manière dont le poëte a eu soin de les arranger. En lisant cet endroit, je me suis souvenu que dans une de vos nouvelles remarques vous avancez que jamais on n'a dit qu'Homère ait employé un seul mot bas. C'est à vous de voir si cette remarque de Denys d'Halicarnasse n'est point contraire à la vôtre, et s'il n'est point à craindre qu'on ne vienne vous chicaner là-dessus. Prenez la peine de lire toute la réflexion de Denys d'Halicarnasse, qui m'a paru très belle et merveilleusement exprimée ; c'est dans son traité περὶ συνθέσεως ὀνομάτων, à la troisième page.

J'ai fait réflexion aussi qu'au lieu de dire que le mot d'*âne* est en grec un mot très noble, vous pourriez vous contenter de dire que c'est un mot qui n'a rien de bas, et qui est comme celui de cerf, de cheval, de brebis, etc. ; ce *très noble* me paroît un peu trop fort.

Tout ce traité de Denys d'Halicarnasse, dont je viens de vous parler, et que je relus hier tout entier avec un grand plaisir, me fit souvenir de l'extrême impertinence de M. Perrault, qui avance que le tour des paroles ne fait rien pour l'éloquence, et qu'on ne doit regarder qu'au sens; et c'est pourquoi il prétend qu'on peut mieux juger d'un auteur par son traducteur, quelque mauvais qu'il soit, que par la lecture de l'auteur même. Je ne me souviens point que vous ayez relevé cette extravagance, qui vous donneroit pourtant beau jeu pour le tourner en ridicule.

Pour le mot de μισγείϑαι, qui a quelquefois la signification que vous savez, il signifie souvent converser simplement. Voici des exemples tirés de l'Écriture. Dieu dit à Jérusalem, dans Ezéchiel : *Congregabo tibi amatores tuos cum quibus commista es*, etc. Dans le prophète Daniel, les deux vieillards, racontant comme ils ont surpris Susanne en adultère, disent, parlant d'elle et du jeune homme qu'ils prétendent qui étoit avec elle : *Vidimus eos pariter commisceri.* Ils disent aussi à Susanne : *Assentire nobis, et commiscere nobiscum.* Voilà *commisceri* dans le premier sens. Voici des exemples du second sens. Saint Paul dit aux Corinthiens : *Ne commisceamini fornicariis :* « N'ayez point de commerce avec les fornicateurs. » Et expliquant ce qu'il a voulu dire par-là, il dit qu'il n'entend point parler des fornicateurs qui sont parmi les gentils; autrement, ajoute-t-il, il faudroit renoncer à vivre avec les hommes : mais quand je vous ai mandé de n'avoir point de commerce avec les fornicateurs, *non commisceri,* j'ai entendu parler de ceux qui se pourroient trouver parmi les fidèles ; et non seulement avec les fornicateurs, mais encore avec les avares et les usurpateurs du bien d'autrui, etc. Il en est de même du mot *cognoscere,* qui se trouve dans ces deux sens en mille endroits de l'Écriture.

Encore un coup, je me passerois de la fausse érudition de Tussanus, qui est trop clairement démentie par l'endroit des servantes de Pénélope. M. Perrault ne peut-il avoir quelque ami grec qui lui fournisse des mémoires ?

LETTRE XLIII.

A BOILEAU.

Compiègne, 4 mai 1695.

Monsieur des Granges m'a dit qu'il avoit fait signer hier nos ordonnances, et qu'on les feroit viser par le roi après-demain ; qu'ensuite il les enverroit à M. Dongois, de qui vous les pourrez retirer. Je vous prie de me garder la mienne jusqu'à mon retour. Il n'y a point ici de nouvelles. Quelques gens veulent que le siège de Casal soit levé ; mais la chose est fort douteuse, et on n'en sait rien de certain.

Six armateurs de Saint-Malo ont pris dix-sept vaisseaux d'une flotte marchande des ennemis, et un vaisseau de guerre de soixante pièces de canon. Le roi est en parfaite santé, et ses troupes merveilleuses.

Quelque horreur que vous ayez pour les méchants vers, je vous exhorte à lire Judith, et surtout la préface, dont je vous prie de me mander votre sentiment. Jamais je n'ai rien vu de si méprisé que tout cela l'est en ce pays-ci; et toutes vos prédictions sont accomplies. Adieu, monsieur, je suis entièrement à vous.

LETTRE XLIV.

AU MÊME.

Versailles, 4 avril 1696.

JE suis très obligé au père Bouhours de toutes les honnêtetés qu'il vous a prié de me faire de sa part et de la part de sa compagnie. Je n'avois point encore entendu parler de la harangue de leur régent: et comme ma conscience ne me reprochoit rien à l'égard des jésuites, je vous avoue que j'ai été un peu surpris que l'on m'eût déclaré la guerre chez eux. Vraisemblablement ce bon régent est du nombre de ceux qui m'ont très faussement attribué la traduction du *Santolius pœnitens*; et il s'est cru engagé d'honneur à me rendre injures pour injures. Si j'étois capable de lui vouloir quelque mal, et de me réjouir de la forte réprimande que le père Bouhours dit qu'on lui a faite, ce seroit sans doute pour m'avoir soupçonné d'être l'auteur d'un pareil ouvrage : car pour mes tragédies, je les abandonne volontiers à sa critique; il y a long-temps que Dieu m'a fait la grace d'être assez peu sensible au bien et au mal qu'on en peut dire, et de ne me mettre en peine que du compte que j'aurai à lui en rendre quelque jour.

Ainsi, monsieur, vous pouvez assurer le père Bouhours, et tous les jésuites de votre connoissance, que, bien loin d'être fâché contre le régent qui a tant déclamé contre mes pièces de théâtre, peu s'en faut que je ne le remercie et d'avoir prêché une si bonne morale dans leur collège, et d'avoir donné lieu à sa compagnie de marquer tant de chaleur pour mes intérêts; et qu'enfin, quand l'offense qu'il m'a voulu faire seroit plus grande, je l'oublierois avec la même facilité, en considération de tant d'autres pères dont j'honore le mérite, et sur-tout en considération du révérend père de La Chaise, qui me témoigne tous les jours mille bontés, et à qui je sacrifierois bien d'autres injures. Je suis, etc.

LETTRE XLV.
AU MÊME.

Fontainebleau, 8 octobre 1697.

Je vous demande pardon si j'ai été si long-temps sans vous faire réponse; mais j'ai voulu avant toutes choses prendre un temps favorable pour recommander M. Manchon [1] à M. de Barbezieux. Je l'ai fait; et il m'a fort assuré qu'il feroit son possible pour me témoigner la considération qu'il avoit pour vous et pour moi. Il m'a paru que le nom de M. Manchon lui étoit assez inconnu, et je me suis rappelé alors qu'il avoit un autre nom dont je ne me souvenois point du tout. J'ai eu recours à M. de La Chapelle, qui m'a fait un mémoire que je présenterai à M. de Barbezieux dès que je le verrai. Je lui ai dit que M. l'abbé de Louvois voudroit bien joindre ses prières aux nôtres, et je crois qu'il n'y aura point de mal qu'il lui en écrive un mot.

Je suis bien aise que vous ayez donné votre épître à M. de Meaux, et que M. de Paris soit disposé à vous donner une approbation authentique. Vous serez surpris quand je vous dirai que je n'ai

---

[1] Beau-frère de Boileau.

point encore rencontré M. de Meaux, quoiqu'il soit ici ; mais je ne vais guère aux heures où il va chez le roi, c'est-à-dire au lever et au coucher : d'ailleurs la pluie, presque continuelle, empêche qu'on ne se promène dans les cours et dans les jardins, qui sont les endroits où l'on a coutume de se rencontrer. Je sais seulement qu'il a présenté au roi l'ordonnance de M. l'archevêque de Reims : elle m'a paru très forte, et il y explique très nettement la doctrine qu'il condamne. Votre épître ne peut qu'être très bien reçue; et il me semble que vous n'avez rien perdu pour attendre, et qu'elle paroîtra fort à propos.

On a eu la nouvelle aujourd'hui que M. le prince de Conti étoit arrivé en Pologne [1]; mais on n'en sait pas davantage, n'y ayant point encore de courrier qui soit venu de sa part. M. l'abbé Renaudot vous en dira plus que je ne saurois vous en écrire.

Je n'ai pas fort avancé le mémoire dont vous me parlez. Je crains même d'être entré dans des détails qui l'alongeront bien plus que je ne croyois. D'ailleurs, vous savez la dissipation de ce pays-ci. Pour m'achever, j'ai ma seconde fille à Melun, qui prendra l'habit dans huit jours. J'ai fait deux voyages pour essayer de la détourner de

---

[1] Il venoit d'être élu roi de Pologne, mais il fut obligé de revenir en France au commencement de l'année 1698 : l'électeur de Saxe ayant été élu par un autre parti lui enleva la couronne.

cette résolution, ou du moins pour obtenir d'elle qu'elle différât encore six mois; mais je l'ai trouvée inébranlable. Je souhaite qu'elle se trouve aussi heureuse dans ce nouvel état qu'elle a eu d'empressement pour y entrer. M. l'archevêque de Sens s'est offert de venir faire la cérémonie, et je n'ai pas osé refuser un tel honneur. J'ai écrit à M. l'abbé Boileau pour le prier d'y prêcher, et il a l'honnêteté de vouloir bien partir exprès de Versailles en poste pour me donner cette satisfaction [1]. Vous jugez que tout cela cause assez d'embarras à un homme qui s'embarrasse aussi aisément que moi. Plaignez-moi un peu dans votre profond loisir d'Auteuil, et excusez si je n'ai pas été plus exact à vous mander des nouvelles. La paix en a fourni d'assez considérables, et qui nous donneront assez de matière pour nous entretenir quand j'aurai l'honneur de vous revoir. Ce sera au plus tard dans quinze jours, car je partirai deux ou trois jours avant le départ du roi. Je suis entièrement à vous.

---

[1] L'année suivante, M. l'archevêque de Sens et M. l'abbé Boileau firent encore la cérémonie lorsque cette seconde fille de Racine fit profession. On peut voir dans les lettres qu'il écrit à son fils, en 1698, des détails à ce sujet.

LETTRE XLVI.

A RACINE.

Auteuil, mercredi 1697.

Je crois que vous serez bien aise d'être instruit de ce qui s'est passé dans la visite que nous avons ce matin, suivant votre conseil, rendue, mon frère et moi, au révérend père de La Chaise. Nous sommes arrivés chez lui sur les neuf heures du matin; et sitôt qu'on lui a dit notre nom, il nous a fait entrer. Il nous a reçus avec beaucoup de bonté, m'a fort obligeamment interrogé sur mes maladies, et a paru fort content de ce que je lui ai dit que mon incommodité n'augmentoit point. Ensuite il a fait apporter des chaises, s'est mis tout proche de moi, afin que je le pusse mieux entendre, et aussitôt, entrant en matière, m'a dit que vous lui aviez lu un ouvrage de ma façon où il y avoit beaucoup de bonnes choses; mais que la matière que j'y traitois étoit une matière fort délicate, et qui demandoit beaucoup de savoir pour en parler; qu'il avoit autrefois enseigné la théologie, et qu'ainsi il devoit être instruit de cette matière à fond; qu'il falloit faire une grande différence de l'amour affectif d'avec l'amour effectif; que ce dernier étoit absolument nécessaire et entroit dans l'attrition, au lieu que l'amour affectif venoit de la contrition parfaite; que celui-ci justifioit par lui-même le pêcheur, au lieu que l'amour effectif n'avoit d'effet qu'avec l'absolution du prêtre. Enfin il nous a débité en assez bons termes et fort longuement tout ce que beaucoup d'autres scholastiques ont écrit sur ce sujet, sans pourtant oser dire, comme eux, que l'amour de Dieu, absolument parlant, n'est point nécessaire pour la justification du pécheur. Mon frère le chanoine applaudissoit des yeux et du geste à chaque mot qu'il disoit, témoignant être ravi de sa doctrine et de son énonciation. Pour moi, je suis demeuré assez froid et assez immobile. Et enfin, lorsqu'il a été las de parler, je lui ai dit que j'avois été fort surpris qu'on m'eût prêté des charités auprès de lui, et qu'on lui eût donné à entendre que j'avois fait un ouvrage contre les jésuites; que ce seroit une chose bien étrange si soutenir qu'on doit aimer Dieu s'appeloit écrire contre les jésuites; que mon frère avoit apporté avec lui vingt passages de dix ou douze de leurs plus fameux écrivains qui soutenoient qu'on doit nécessairement aimer Dieu, et en des termes beaucoup plus forts que ceux qui étoient dans mes vers; que j'avois si peu songé à écrire contre sa société, que les premiers à qui j'avois lu mon ouvrage, c'étoient six jésuites des plus célèbres, qui m'avoient tous dit unanimement qu'un chrétien ne pouvoit pas avoir d'autres sentiments sur l'amour de Dieu que ceux que j'avois mis en rimes; qu'ensuite j'avois brigué de le lire à M. l'archevêque de Paris, qui en avoit paru transporté, aussi-bien que M. de Meaux; que néanmoins, si sa révérence croyoit mon ouvrage périlleux, je venois présentement pour le lui lire, afin qu'il m'instruisît de mes fautes; que je lui faisois donc le même compliment que j'avois fait à M. l'archevêque lorsque je le lui récitai, qui étoit que je ne venois pas pour être loué, mais pour être approuvé; que je le priois donc de me prêter une vive attention, et de trouver bon même que je lui répétasse beaucoup d'endroits. Il a fort loué mon dessein, et je lui ai lu mon épître avec toute la force et toute l'énergie que j'ai pu. J'oubliois que je lui ai dit encore auparavant une chose qui l'a assez étonné; c'est à savoir que je prétendois n'avoir proprement fait autre chose dans mon ouvrage que mettre en rimes la doctrine qu'il venoit de nous débiter, et que je croyois que lui-même n'en pourroit pas disconvenir. Mais pour en venir au récit de ma pièce, croiriez-vous, monsieur, que j'ai tenu parole au bon père, et qu'à la réserve de deux objections qu'il vous avoit déjà faites, il n'a fait que s'écrier, *Pulchrè, benè, rectè*, cela est vrai, cela est indubitable, voilà qui est merveilleux; il faut lire cela au roi; répétez-moi encore cet endroit; est-ce là ce que M. Racine m'a lu? Il a été sur-tout extrêmement frappé de ces vers que vous lui aviez passés, et que je lui ai récités avec toute l'énergie dont je suis capable :

Cependant on ne voit que docteurs, même austères,
Qui, les semant par-tout, s'en vont pieusement
De toute piété, etc.

Il est vrai que je me suis avisé heureusement d'insérer dans mon épître huit vers que vous n'avez pas approuvés, et que mon frère juge très à propos d'y rétablir. Les voici ; c'est ensuite de ce vers :

Oui, dites-vous ; allez, vous l'aimez, croyez-moi.
Écoutez la leçon que lui-même il nous donne :
Qui m'aime ? c'est celui qui fait ce que j'ordonne.
Faites-le donc ; et, sûr qu'il nous veut sauver tous,
Ne vous alarmez point pour quelques vains dégoûts
Qu'en sa ferveur souvent la plus sainte ame éprouve.
Courez toujours à lui ; qui le cherche le trouve ;
Et plus de votre cœur il paroît s'écarter,
Plus par vos actions songez à l'arrêter.

Il m'a fait redire trois fois ces huit vers. Mais je ne saurois vous exprimer avec quelle joie, quels éclats de rire il a entendu la prosopopée. Enfin j'ai si bien échauffé le révérend père, que, sans une visite que dans ce temps-là M. son frère lui est venu rendre, il ne nous laissoit point partir que je ne lui eusse récité aussi les deux pièces de ma façon que vous avez lues au roi : encore ne nous a-t-il laissé partir qu'à la charge que nous l'irions voir à sa maison de campagne ; et il s'est chargé de nous faire avertir du jour où nous l'y pourrions trouver seul. Vous voyez donc, monsieur, que si je ne suis bon poëte il faut que je sois bon récitateur. Après avoir quitté le P. de La Chaise nous avons été voir le père Gaillard, à qui j'ai aussi, comme vous pouvez penser, récité l'épître. Je ne vous dirai point les louanges outrées qu'il m'a données : il m'a traité d'homme inspiré de Dieu, m'a dit qu'il n'y avoit que des coquins qui pussent contredire mon opinion. Je l'ai fait ressouvenir du petit père théologien avec qui j'eus une prise chez M. de Lamoignon. Il m'a dit que ce théologien étoit le dernier des hommes; que si sa société avoit à être fâchée ce n'étoit pas de mon ouvrage, mais de ce que des gens osoient dire que cet ouvrage étoit fait contre les jésuites. Je vous écris tout ceci à dix heures du soir au courant de la plume. Vous en ferez tel usage que vous jugerez à propos. Cependant je vous prie de retirer la copie que vous avez mise entre les mains de madame de Maintenon, afin que je lui en redonne une autre où l'ouvrage soit dans l'état où il doit demeurer. Je vous embrasse de **tout mon cœur**, et suis tout à vous.

LETTRE XLVII.

A BOILEAU.

Paris, lundi 20 janvier 1698.

J'ai reçu une lettre de la mère abbesse de Port-Royal, qui me charge de vous faire mille remercîments de vos épîtres que je lui ai envoyées de votre part. On y est charmé et de l'épître de l'Amour de Dieu, et de la manière dont vous parlez de M. Arnauld : on voudroit même que ces épîtres fussent imprimées en plus petit volume. Ma fille aînée, à qui je les ai aussi envoyées, a été transportée de joie de ce que vous vous souvenez encore d'elle. Je pars dans ce moment pour Versailles, d'où je ne reviendrai que samedi. J'ai laissé à ma femme ma quittance pour recevoir ma pension d'homme de lettres.

FIN DES LETTRES DE RACINE ET DE BOILEAU.

LETTRES
DE JEAN RACINE
A SON FILS.

LETTRE PREMIÈRE.

Fontainebleau, 15 novembre 1691.

Mon cher fils, vous me faites plaisir de me mander des nouvelles : mais prenez garde de ne les pas prendre dans la gazette de Hollande ; car, outre que nous les avons comme vous, vous y pourriez apprendre certains termes qui ne valent rien, comme celui de *recruter*, dont vous vous servez, au lieu de quoi il faut dire *faire des recrues*. Mandez-moi des nouvelles de vos sœurs : il est bon de diversifier un peu, et de ne pas vous jeter toujours sur l'Irlande et sur l'Allemagne.

Le combat de M. de Luxembourg [1] a été bien plus considérable qu'on ne le croyoit d'abord. Les ennemis ont laissé treize cents morts sur la place, et plus de quinze cents prisonniers, parmi lesquels on compte près de cent officiers. On leur a pris aussi trente-six étendards ; et ils avouent encore qu'ils ont plus de deux mille blessés dans leur

---

[1] A Leuse en 1691.

armée. Cette victoire est fort glorieuse. La maison du roi a fait des choses incroyables, n'ayant jamais chargé l'ennemi qu'à coups d'épée. On dit que chaque cavalier est revenu avec son épée toute sanglante. On a appris ce matin que M. de Boufflers avoit battu aussi l'arrière-garde d'un corps d'Allemands qui étoient auprès de Dinant. Écrivez-moi toujours; mais que cela n'empêche pas votre chère mère de m'écrire, car je serois trop fâché de ne point recevoir de ses lettres. Adieu, mon cher enfant : embrassez-la pour moi, et faites mes baise-mains à vos sœurs.

LETTRE II.

Au camp devant Namur, 31 mai 1692.

Vous avez pu voir, mon cher enfant, par les lettres que j'écris à votre mère, combien je suis touché de votre maladie [1], et la peine extrême que je ressens de n'être pas auprès de vous pour vous consoler. Je vois que vous prenez avec beaucoup de patience le mal que Dieu vous envoie, et que vous êtes exact à faire tout ce qu'on vous dit : il est très important pour vous d'être docile. J'espère qu'avec la grace de Dieu il ne vous arrivera aucun

---

[1] Voyez sa lettre à Boileau du 3 juin 1692.

accident. C'est une maladie dont peu de personnes sont exemptes, et il vaut mieux en être attaqué à votre âge qu'à un âge plus avancé. J'aurai une sensible joie de recevoir de vos lettres : ne m'écrivez que quand vous serez entièrement hors de danger, parceque vous ne pourriez écrire sans nuire à votre santé. Quand je ne serai plus inquiet de votre mal, je vous écrirai des nouvelles du siège de Namur. Il y a lieu d'espérer que la place se rendra bientôt; et je m'en réjouis d'autant plus que cela pourra me mettre en état de vous revoir bientôt à Paris. Adieu, mon cher enfant : offrez bien au bon Dieu tout le mal que vous souffrez, et remettez-vous entièrement à sa sainte volonté. Assurez-vous qu'on ne peut vous aimer plus que je vous aime, et que j'ai une fort grande impatience de vous embrasser.

LETTRE III.

Au camp devant Namur, 10 juin 1692.

Vous pouvez juger par toutes les inquiétudes que m'a causées votre maladie combien j'ai de joie de votre guérison. Vous avez beaucoup de grâces à rendre à Dieu de ce qu'il a permis qu'il ne vous soit arrivé aucun fâcheux accident, et que la fluxion qui vous étoit tombée sur les yeux n'ait point eu de suite. Je loue extrêmement la reconnoissance que vous témoignez pour tous les soins que votre mère a pris de vous. J'espère que vous ne les oublierez jamais, et que vous vous acquitterez de toutes les obligations que vous lui avez par beaucoup de soumission à tout ce qu'elle désirera de vous. Votre lettre m'a fait beaucoup de plaisir ; elle est fort sagement écrite, et c'étoit la meilleure et la plus agréable marque que vous me pussiez donner de votre guérison : mais ne vous pressez pas encore de retourner à l'étude. Je vous conseille de ne lire que des choses qui vous fassent plaisir, jusqu'à ce que le médecin vous donne permission de recommencer votre travail. Faites bien des amitiés pour moi à M. votre précepteur, et faites en sorte qu'il ne se repente point de toutes les peines qu'il a prises pour vous. J'espère que j'aurai bientôt le plaisir de vous revoir, et que la reddition du château de Namur suivra de près celle de la ville. Adieu, mon cher fils, faites bien mes compliments à vos sœurs : je ne sais pourtant si on leur permet de vous rendre visite ; attendez donc à leur faire mes compliments quand vous serez en état de les voir.

LETTRE IV.

Fontainebleau, 5 octobre 1692.

La relation que vous m'avez envoyée m'a beaucoup diverti, et je vous sais bon gré d'avoir songé à la copier pour m'en faire part. Je l'ai montrée à M. de Montmorenci et à M. de Chevreuse. Je suis toujours étonné qu'on vous montre en rhétorique les fables de Phèdre, qui semblent une lecture plus proportionnée à des gens moins avancés: Il faut pourtant s'en fier à M. Rollin, qui a beaucoup de jugement et de capacité. On ne trouve les fables de M. de La Fontaine que chez M. Thierry ou chez M. Barbin : cela m'embarrasse un peu, parceque j'ai peur qu'ils ne veuillent pas prendre de mon argent. Je voudrois que vous pussiez emprunter ces fables à quelqu'un jusqu'à mon retour. Je crois que M. Despréaux les a, et en ce cas il vous les prêteroit volontiers, ou bien votre mère pourroit aller avec vous sans façon chez M. Thierry, et les lui demander en les payant. Adieu, mon cher fils. Dites à vos sœurs que je suis fort aise qu'elles se souviennent de moi, et qu'elles souhaitent de me revoir. Je les exhorte à bien servir Dieu, et vous surtout, afin que pendant cette année de rhétorique il vous soutienne et vous fasse la grace de vous avancer de plus en plus dans sa connoissance et dans son amour. Croyez-moi, c'est là ce qu'il y a de plus solide au monde; tout le reste est bien frivole.

LETTRE V.

Fontainebleau, 20 octobre 1692.

Vous me rendez un très bon compte de votre étude et de votre conversation avec M. Despréaux [1]. Il seroit bien à souhaiter pour vous que vous pussiez être souvent en si bonne compagnie; et vous en pourriez retirer un fort grand avantage, pourvu qu'avec un homme tel que M. Despréaux vous eussiez plus de soin d'écouter que de parler. Je suis assez satisfait de votre version; mais je ne puis guère juger si elle est bien fidèle, n'ayant apporté ici que le premier tome des lettres à Atticus, au lieu du second que je pensois avoir apporté: je ne sais même si je ne l'ai point perdu, car j'étois comme assuré de l'avoir ici parmi mes livres. Pour plus grande sûreté, choisissez dans quelqu'un des six premiers livres la première lettre que vous voudrez traduire; mais surtout choisissez-en une qui ne soit pas sèche comme celle que vous avez prise, où il n'est presque parlé

---

[1] Voyez la lettre à Boileau Despréaux du 16 octobre 1692.

que d'affaires d'intérêt. Il y en a tant de belles sur l'état où étoit alors la république, et sur les choses de conséquence qui se passoient à Rome! Vous ne lirez guère d'ouvrage qui vous soit plus utile pour vous former l'esprit et le jugement ; mais sur-tout je vous conseille de ne jamais traiter injurieusement un homme aussi digne d'être respecté de tous les siècles que Cicéron. Il ne vous convient point à votre âge, ni même à personne, de lui donner ce vilain nom de poltron : souvenez-vous toute votre vie de ce passage de Quintilien, qui étoit lui-même un grand personnage : *Ille se profecisse sciat cui Cicero valdè placebit.* Ainsi vous auriez mieux fait de dire simplement qu'il n'étoit pas aussi brave et aussi intrépide que Caton : je vous dirai même que si vous aviez bien lu la vie de Cicéron dans Plutarque, vous auriez vu qu'il mourut en fort brave homme, et qu'apparemment il n'auroit pas fait tant de lamentations que vous si M. Carmeline lui eût nettoyé les dents. Adieu, mon cher fils. Faites souvenir votre mère qu'il faut entretenir un peu d'eau dans mon cabinet de peur que les souris ne ravagent mes livres. Quand vous m'écrirez, vous pourrez vous dispenser de toutes ces cérémonies et de *votre très humble serviteur.* Je connois même assez votre écriture sans que vous soyez obligé de mettre votre nom.

LETTRE VI.

Fontainebleau, 28 octobre 1692; [1]

JE voulois presque me donner la peine de corriger votre version, et vous la renvoyer en l'état où il faudroit qu'elle fût ; mais j'ai trouvé que cela me prendroit trop de temps à cause de la quantité d'endroits où vous n'avez pas attrapé le sens. Je vois bien que les épîtres de Cicéron sont encore trop difficiles pour vous, parceque pour les bien entendre il faut posséder parfaitement l'histoire de ce temps-là, et que vous ne la savez point. Ainsi je trouverois plus à propos que vous me fissiez à votre loisir une version de cette bataille de Trasymène, dont vous avez été si charmé, à commencer par la description de l'endroit où elle se donna: ne vous pressez point, et tournez la chose le plus naturellement que vous pourrez. J'approuve fort vos promenades à Auteuil ; mais faites bien concevoir à M. Despréaux combien vous êtes reconnoissant de la bonté qu'il a de s'abaisser à s'entretenir avec vous. Vous pouvez prendre Voiture parmi mes livres, si cela vous fait plaisir ; mais il faut un grand

---

[1] Il est évident que cette lettre a été écrite après celle du 20, et que c'est à tort que dans les autres éditions on l'a mise sous la date du 8.

choix pour lire ses lettres. J'aimerois autant, si vous vouliez lire quelque livre françois, que vous prissiez la traduction d'Hérodote, qui est fort divertissant, et qui vous apprendroit la plus ancienne histoire qui soit parmi les hommes après l'Écriture sainte. Il me semble qu'à votre âge il ne faut pas voltiger de lecture en lecture, ce qui ne serviroit qu'à vous dissiper l'esprit et à vous embarrasser la mémoire. Nous verrons cela plus à fond quand je serai de retour à Paris. Adieu : mes baise-mains à vos sœurs.

LETTRE VII.

Au camp de Thieusies, 3 juin 1693.

Vous me faites plaisir de me rendre compte des lectures que vous faites ; mais je vous exhorte à ne pas donner toute votre attention aux poëtes françois : songez qu'ils ne doivent servir qu'à votre récréation, et non pas à votre véritable étude; ainsi je souhaiterois que vous prissiez quelquefois plaisir à m'entretenir d'Homère, de Quintilien, et des autres auteurs de cette nature. Quant à votre épigramme [1], je voudrois que vous ne l'eussiez

---

[1] Racine le fils, qui étoit alors en rhétorique (il étoit en rhétorique depuis l'année précédente. Voyez les premières lettres du mois d'octobre), crut faire plaisir à son

point faite : outre qu'elle est assez médiocre, je ne saurois trop vous recommander de ne vous point laisser aller à la tentation de faire des vers françois, qui ne serviroient qu'à vous dissiper l'esprit; sur-tout il n'en faut faire contre personne.

M. Despréaux a un talent qui lui est particulier, et qui ne doit point vous servir d'exemple ni à vous, ni à qui que ce soit : il n'a pas seulement reçu du ciel un génie merveilleux pour la satire, mais il a encore outre cela un jugement excellent qui lui fait discerner ce qu'il faut louer et ce qu'il faut reprendre. S'il a la bonté de vouloir s'amuser avec vous, c'est une des grandes félicités qui vous puissent arriver, et je vous conseille d'en bien profiter en l'écoutant beaucoup et en décidant peu. Je vous dirai aussi que vous me feriez plaisir de vous attacher à votre écriture : je veux croire que vous avez écrit votre lettre fort vite ; le caractère en paroît beaucoup négligé. Que tout ce que je vous dis ne vous chagrine point, car du reste je suis très content de vous, et je ne vous donne ces petits avis que pour vous exciter à faire de votre mieux en toutes choses. Votre mère vous fera part des nouvelles que je lui mande. Adieu, mon cher fils. Je ne sais si je serai en état d'écrire ni à vous ni à personne de plus de quatre jours : mais continuez à me donner de vos nouvelles ; parlez-moi

---

père en lui envoyant une épigramme qu'il avoit faite sur la dispute entre Boileau et Perrault.

aussi un peu de vos sœurs, que vous me ferez plaisir d'embrasser pour moi.

LETTRE VIII.

Fontainebleau, 25 septembre 1693.

Je vous suis obligé du soin que vous avez pris de faire toutes les choses que je vous avois recommandées. Je suis en peine de la santé de M. Nicole, et vous me ferez plaisir d'y envoyer de ma part, et de m'en mander des nouvelles. Je croyois avoir mis dans mon paquet un livre que j'ai été fort fâché de n'y point trouver. Ce sont les psaumes latins de Vatable à deux colonnes, et avec des notes, *in*-8°, qui sont à la tablette où je mets d'ordinaire mon diurnal : je vous prie de le chercher, de l'empaqueter bien proprement dans du papier, et de me l'envoyer. J'écrirai demain à votre mère : faites-lui mes compliments et à vos sœurs.

LETTRE IX.

Fontainebleau, 20 octobre 1693.

Je ne saurois m'empêcher de vous dire, mon cher fils, que je suis très content de tout ce que votre mère m'écrit de vous. Je vois par ses lettres que vous êtes fort attaché à bien faire, mais sur-tout que vous craignez Dieu, et que vous prenez bien du plaisir à le servir. C'est la plus grande satisfaction que je puisse recevoir, et en même temps la meilleure fortune que je vous puisse souhaiter. J'espère que plus vous irez en avant, plus vous trouverez qu'il n'y a de véritable bonheur que celui-là. J'approuve la manière dont vous distribuez votre temps et vos études : je voudrois seulement qu'aux jours que vous n'allez point au collège vous pussiez relire votre Cicéron, et vous rafraichir la mémoire des plus beaux endroits ou d'Horace ou de Virgile, ces auteurs étant fort propres à vous accoutumer à penser et à écrire avec justesse et netteté.

Vous direz à votre mère que le pauvre M. Signr a eu la jambe coupée, ayant eu le pied emporté d'un coup de canon. Sa femme, qui l'avoit épousé pour sa bonne mine, a employé la meilleure partie de son bien à lui acheter une charge ; et dès la première année il lui en coûte une jambe. Il a eu un grand nombre de ses camarades tués ou blessés, je dis des officiers de la gendarmerie ; mais en récompense la victoire a été fort grande, et on en apprend tous les jours de nouvelles circonstances très avantageuses. On fait monter la perte des ennemis à près de dix mille morts.

J'ai vu les drapeaux et les étendards qu'a envoyés M. de Catinat, et je vous conseille de les aller voir à Notre-Dame. Il y a cent deux drapeaux, et quatre étendards seulement; ce qui marque que la cavalerie ennemie n'a pas fait beaucoup de résistance, et a de bonne heure abandonné l'infanterie, laquelle a presque été toute taillée en pièces. Il y avoit des bataillons entiers d'Espagnols qui se jetoient à genoux pour demander quartier; et on l'accordoit à quelques uns d'eux, au lieu qu'on n'en faisoit point du tout aux Allemands, parcequ'ils avoient menacé de n'en point faire. M. l'archevêque de Sens a perdu son frère à la bataille[1].

LETTRE X.

Fontainebleau, 30 octobre 1693.

Monsieur Despréaux a raison d'appréhender que vous ne perdiez un peu le goût des belles-lettres pendant votre cours de philosophie; mais ce qui me rassure est la résolution où je vous vois de vous en rafraîchir la mémoire par la lecture des meilleurs auteurs. D'ailleurs vous étudiez sous un régent qui a lui-même beaucoup de lettres et d'érudition. Je contribuerai de mon côté à vous faire ressouvenir de tout ce que vous avez lu; et je me ferai un plaisir de m'en entretenir souvent avec vous.

---

[1] Il est question dans cette lettre de la bataille de la Marsaille en 1693.

Votre sœur aînée se plaint de vous, et elle a raison ; elle dit qu'il y a plus de quatre mois qu'elle n'a reçu de vos nouvelles. Il me semble que vous devriez un peu répondre à l'amitié sincère que je lui vois pour vous : une lettre vous coûteroit-elle tant à écrire ? Quand vous devriez ne l'entretenir que de vos petites sœurs, vous lui feriez le plus grand plaisir du monde. Vous avez raison de me plaindre du déplaisir que j'ai de voir souffrir si long-temps un des meilleurs amis que j'aie au monde [1]. J'espère qu'à la fin ou la nature ou les remèdes lui donneront quelque soulagement. J'ai la consolation d'entendre dire aux médecins qu'ils ne voient rien à craindre pour sa vie ; sans quoi je vous avoue que je serois inconsolable.

Comme vous êtes curieux de nouvelles, je voudrois en avoir beaucoup à vous mander. Je n'en sais que deux jusqu'ici qui doivent faire beaucoup de plaisir : l'une est la prise presque certaine de Charleroi ; l'autre est la levée du siège de Belgrade. Quand je dis que cette nouvelle doit faire plaisir, ce n'est pas qu'à parler bien chrétiennement on doive se réjouir des avantages des infidèles ; mais l'animosité des Allemands est si grande contre nous, qu'on est presque obligé de remercier Dieu de leurs mauvais succès, afin qu'ils soient forcés de faire leur paix avec la France, et de con-

---

[1] M. Nicole.

sentir au repos de la chrétienté, plutôt que de s'accommoder avec les Turcs.

LETTRE XI.

Fontainebleau, 23 mai 1694.

Je vous prie de dire à M. Grimarets que j'ai lu son mémoire à M. le chancelier, qui a dit que M. Cousin pensoit qu'on ne pouvoit rien faire de bon ni d'utile au public de ce projet. Je verrai M. de Harlay, et lui demanderai s'il veut et s'il peut se mêler de cette affaire, et entreprendre de persuader M. le chancelier.

Il me paroît par votre lettre que vous portez un peu d'envie à mademoiselle de la C*** de ce qu'elle a lu plus de comédies et de romans que vous. Je vous dirai, avec la sincérité avec laquelle je suis obligé de vous parler, que j'ai un extrême chagrin que vous fassiez tant de cas de toutes ces niaiseries, qui ne doivent servir tout au plus qu'à délasser quelquefois l'esprit, mais qui ne devroient point vous tenir autant à cœur qu'elles font. Vous êtes engagé dans des études très sérieuses qui doivent attirer votre principale attention; et pendant que vous y êtes engagé, et que nous payons des maîtres pour vous instruire, vous devez éviter tout ce qui peut dissiper votre esprit et vous détourner de votre étude. Non seulement votre conscience et la religion vous y obligent, mais vous-même devez avoir assez de considération et d'égard pour moi pour vous conformer un peu à mes sentiments pendant que vous êtes dans un âge où vous devez vous laisser conduire.

Je ne dis pas que vous ne lisiez quelquefois des choses qui puissent vous divertir l'esprit, et vous voyez que je vous ai mis moi-même entre les mains assez de livres françois capables de vous amuser; mais je serois inconsolable si ces sortes de livres vous inspiroient du dégoût pour des lectures plus utiles, et sur-tout pour des livres de piété et de morale, dont vous ne parlez jamais, et pour lesquels il semble que vous n'ayez plus aucun goût, quoique vous soyez témoin du véritable plaisir que j'y prends préférablement à toute autre chose. Croyez-moi, quand vous saurez parler de comédies et de romans, vous n'en serez guère plus avancé pour le monde, et ce ne sera point par cet endroit-là que vous serez le plus estimé. Je remets à vous en parler plus au long et plus particulièrement quand je vous reverrai, et vous me ferez plaisir alors de me parler à cœur ouvert là-dessus, et de ne vous point cacher de moi. Vous jugez bien que je ne cherche pas à vous chagriner, et que je n'ai autre dessein que de contribuer à vous rendre l'esprit solide, et à vous mettre en état de ne me point faire de déshonneur quand vous viendrez à paroître dans le monde. Je vous assure qu'après mon salut c'est la chose dont je suis le plus occupé. Ne regardez point tout ce que je vous dis comme une réprimande, mais comme les avis d'un père qui vous aime tendrement, et qui ne songe qu'à vous donner des marques de son amitié. Écrivez-moi le plus souvent que vous pourrez, et faites mes compliments à votre mère. Il n'y a ici aucune nouvelle, sinon que le roi a toujours la goutte.

LETTRE XII.

Paris, 3 juin 1697.

C'est tout de bon que nous partons pour notre voyage de Picardie[1]. Comme je serai quinze jours sans vous voir, et que vous êtes continuellement présent à mon esprit, je ne puis m'empêcher de vous répéter encore deux ou trois choses que je crois très importantes pour votre conduite.

La première, c'est d'être extrêmement circonspect dans vos paroles, et d'éviter la réputation d'être un parleur, qui est la plus mauvaise réputation qu'un jeune homme puisse avoir dans le pays où vous entrez. La seconde est d'avoir une extrême docilité pour M. et madame Vigan, qui vous aiment comme leur enfant.

---

[1] Racine alloit à Montdidier, la patrie de son épouse. Toutes les lettres suivantes ont été écrites à son fils, reçu en survivance de la charge de gentilhomme ordinaire.

N'oubliez point vos études, et cultivez continuellement votre mémoire, qui a grand besoin d'être exercée. Je vous demanderai compte à mon retour de vos lectures, et sur-tout de l'histoire de France, dont je vous demanderai à voir vos extraits.

Vous savez ce que je vous ai dit des opéras et des comédies : on en doit jouer à Marly. Il est très important pour vous et pour moi-même qu'on ne vous y voie point, d'autant plus que vous êtes présentement à Versailles pour y faire vos exercices, et non point pour assister à toutes ces sortes de divertissements. Le roi et toute la cour savent le scrupule que je me fais d'y aller; et ils auroient très méchante opinion de vous, si, à l'âge où vous êtes, vous aviez si peu d'égard pour moi et pour mes sentiments. Je devrois avant toutes choses vous recommander de songer toujours à votre salut, et de ne point perdre l'amour que je vous ai vu pour la religion. Le plus grand déplaisir qui puisse m'arriver au monde, c'est s'il me revenoit que vous êtes un indévot et que Dieu vous est devenu indifférent. Je vous prie de recevoir cet avis avec la même amitié que je vous le donne. Adieu, mon cher fils : donnez-moi souvent de vos nouvelles.

LETTRE XIII.

Montdidier, 2 juin 1697.

Votre lettre nous a fait ici un très grand plaisir; et quoiqu'elle ne nous ait pas appris beaucoup de nouvelles, elle nous a du moins fait juger qu'il n'y avoit pas un mot de vrai de toutes celles qu'on débite dans ce pays-ci. C'est une plaisante chose que les provinces; tout le monde y est nouvelliste dès le berceau, et vous n'y rencontrez que des gens qui débitent gravement et affirmativement les plus sottes choses du monde. Pour moi, je n'ai rien à vous mander de ce pays qui soit capable de vous intéresser, si ce n'est que je suis très content des dames de Variwille, et que Babet [1] a une grande impatience d'entrer chez elles. J'espère que je recevrai encore une lettre de vous avant que de partir.

Je vous sais très bon gré des égards que vous avez pour moi au sujet des opéras et des comédies; mais vous voulez bien que je vous dise que ma joie seroit complète si le bon Dieu entroit un peu dans vos considérations. Je sais bien que vous ne serez pas déshonoré devant les hommes en y

---

[1] C'étoit une des filles de Racine, qui se fit religieuse chez les dames de Variwille, ordre de Fontevrauld.

allant; mais comptez-vous pour rien de vous déshonorer devant Dieu ? Pensez-vous vous-même que les hommes ne trouvassent pas étrange de vous voir à votre âge pratiquer des maximes si différentes des miennes ? Songez que M. le duc de Bourgogne, qui a un goût merveilleux pour toutes ces choses, n'a encore été à aucun spectacle, et qu'il veut bien en cela se laisser conduire par les gens qui sont chargés de son éducation. Et quelles gens trouverez-vous au monde plus sages et plus estimés que ceux-là ? Du reste, mon fils, je suis fort content de votre lettre : elle a aussi fait beaucoup de plaisir à votre mère, excepté l'endroit où vous parlez de la cire que vous avez laissé tomber sur votre habit.

LETTRE XIV.

Paris, 27 juin 1697.

On m'avoit déjà dit la nouvelle de la prise d'Ath [1] ; et j'en ai beaucoup de joie. Vous me ferez plaisir de me mander tout ce que vous apprendrez de nouveau. Voici un temps assez vif, et où il peut arriver à toute heure des nouvelles importantes. Il se pourroit bien faire que je vous irois voir mer-

---

[1] Ath fut prise en 1697.

credi ; car j'ai quelque envie de mener votre mère et vos sœurs à Port-Royal, pour y être à la procession de l'octave, et revenir le lendemain. Elles sont toutes en bonne santé, Dieu merci, et vous font leurs compliments. J'allai hier aux carmélites avec votre sœur aînée. Je vous exhorte à aller faire votre cour à madame la comtesse de Grammont et à madame la duchesse de Noailles, qui ont l'une et l'autre beaucoup de bonté pour vous. Votre petit frère est tombé ce matin la tête dans le feu ; et sans votre mère qui l'a relevé sur-le-champ, il auroit eu le visage perdu ; il en a été quitte pour une brûlure à la gorge : nous sommes bien obligés de remercier le bon Dieu de ce qu'il ne s'est pas fait plus de mal. Votre sœur se prépare toujours à entrer aux carmélites samedi ; et tout ce que je lui ai pu dire ne l'a pu persuader de différer au moins jusqu'à un autre temps. Madame de F.... est à l'extrémité. Vous voyez par-là que notre heure est bien incertaine, et que le plus sûr est d'y penser le plus sérieusement et le plus souvent qu'on peut. Votre mère aura soin de vous envoyer du linge à dentelle.

LETTRE XV.

Versailles, 1697.

J'avois passé exprès par Versailles pour vous y voir, et pour savoir de vous si vous n'aviez besoin de rien. Je suis fâché de ne vous avoir pas trouvé, et plus fâché encore d'apprendre que vous avez eu la fièvre. Du reste, je suis bien aise que vous ayez été voir M. Despréaux et votre mère, qui aura eu, je m'imagine, bien de la joie de vous voir. Donnez-moi de vos nouvelles à Marly. Vous me ferez plaisir d'être chez M. de Torcy toujours aussi assidu que votre santé vous le permettra. Ne vous laissez point manquer d'argent, et mandez-moi franchement si vous en avez besoin. Adieu, mon cher fils : je vous embrasse de tout mon cœur.

LETTRE XVI.

Paris, 1697.

Vous m'avertissez de la part de madame la duchesse de Noailles d'aller trouver M. l'archevêque. J'ai été sur-le-champ pour avoir l'honneur de lui parler; mais il étoit à Conflans.

Le sermon du père de La Rue fait ici un fort grand bruit, aussi-bien qu'au pays où vous êtes; et l'on dit qu'il a parlé avec beaucoup de véhémence contre les opinions nouvelles du quiétisme: mais on ne m'a rien pu dire de précis de ce sermon, et j'ai grande envie de voir quelqu'un qui l'ait entendu. L'amitié qu'a pour moi M. de Cambrai ne me permet pas d'être indifférent sur ce qui le regarde, et je souhaiterois de tout mon cœur qu'un prélat de cette vertu et de ce mérite n'eût point fait un livre [1] qui lui attire tant de chagrins.

J'ai vu votre sœur, dont on est très content aux carmélites, et qui témoigne une grande envie de s'y consacrer à Dieu. Votre sœur Nanette nous accable tous les jours de lettres pour nous obliger de consentir à la laisser entrer au noviciat. J'ai bien des graces à rendre à Dieu d'avoir inspiré à vos sœurs tant de ferveur pour son service et un si grand désir de se sauver. Je voudrois de tout mon cœur que de tels exemples vous touchassent assez pour vous donner envie d'être bon chrétien. Voici un temps où vous voulez bien que je vous exhorte par toute la tendresse que j'ai pour vous à faire quelques réflexions un peu sérieuses sur la nécessité qu'il y a de travailler à son salut à quelque

---

[1] *L'Explication des Maximes des Saints sur la vie intérieure.* Cet ouvrage de Fénélon renouveloit les erreurs du quiétisme.

état que l'on soit appelé. Votre mère aussi-bien que vos sœurs et votre petit frère auroient beaucoup de joie de vous revoir. Bon soir, mon cher fils.

LETTRE XVII.[1]

Paris, 26 janvier 1698.

Vraisemblablement vous avez pris des mémoires de M. de Cély[2] pour avoir fait une course aussi extraordinaire que celle que vous avez faite. J'étois fort en peine le premier jour de votre voyage, dans la peur où j'étois que par trop d'envie d'aller vite il ne vous fût arrivé quelque accident : mais quand j'appris par votre lettre de Mons que vous n'étiez parti qu'à neuf heures de Cambrai, et que vous tiriez vanité d'avoir fait une si grande journée, je vis bien qu'il falloit se reposer sur vous de la conservation de votre personne. Votre long séjour à Bruxelles et toutes les visites que vous

---

[1] C'est une lettre de réprimande que Racine écrit à son fils, qui, étant chargé de porter les dépêches du roi à M. de Bonrepaux, ambassadeur en Hollande, s'arrêta par curiosité à Bruxelles. Toutes les lettres suivantes lui furent écrites pendant son séjour en Hollande en 1698.

[2] Racine le fils apportoit la nouvelle de la paix de Ryswick. Il fit si peu de diligence, que quand il arriva le roi savoit la nouvelle.

y avez faites méritent que vous en donniez une relation au public : je ne doute pas même que vous n'y ayez été à l'opéra avec les dépêches du roi dans votre poche. Vous rejetez la faute de tout sur M. Bombarde; comme si, en arrivant à Bruxelles, vous n'aviez pas dû courir d'abord chez lui, et ne vous point coucher que vous n'eussiez fait vos affaires pour être en état de partir le lendemain matin. Je ne sais pas ce que dira là-dessus M. de Bonrepaux; mais je sais bien que vous avez bon besoin de réparer, par une conduite sage à la Haye, la conduite peu sensée que vous avez eue dans votre voyage. Pour moi, je vous avoue que j'appréhende de retourner à la cour, et sur-tout de paroître devant M. de Torcy, à qui vous jugez bien que je n'oserai pas demander d'ordonnance pour votre voyage, n'étant point juste que le roi paie la curiosité que vous avez eue de voir les chanoinesses de Mons et la cour de Bruxelles. Vous ne me dites pas un mot d'un homme que vous auriez pu aller voir à Bruxelles, et pour qui vous savez que j'ai un très grand respect. Vous ne me parlez pas non plus de nos deux plénipotentiaires pour qui vous aviez une dépêche ; cependant je ne comprends pas par quel enchantement vous auriez pu ne les pas rencontrer entre Mons et Bruxelles.

Comme je vous dis franchement ma pensée pour le mal, je veux bien vous la dire aussi pour le bien. M. l'archevêque de Cambrai paroît très content de vous, et vous m'avez fait plaisir de m'écrire le détail des bons traitements que vous avez reçus de lui, dont il ne m'avoit pas mandé un mot, témoignant même du déplaisir de ne vous avoir pas assez bien fait les honneurs de son palais brûlé.

Cela m'oblige de lui écrire une nouvelle lettre de remercîment. Vous trouverez dans les ballots de M. l'ambassadeur un étui où il y a deux chapeaux pour vous, un castor fin et un demi-castor; et vous y trouverez aussi une paire de souliers des frères. Au nom de Dieu, faites un peu plus de réflexion sur votre conduite, et défiez-vous sur toutes choses d'une certaine fantaisie qui vous porte toujours à satisfaire votre propre volonté au hasard de tout ce qui en peut arriver. Vos sœurs vous font bien des compliments, et sur-tout Nanette.

LETTRE XVIII.

Paris, 31 janvier 1698.

Votre mère et toute la famille a eu une grande joie d'apprendre que vous étiez arrivé en bonne santé. Je n'ai point encore été à la cour, mais j'espère d'y aller demain. Je crains toujours de paroître devant M. de Torcy, de peur qu'il ne me fasse des plaisanteries sur la diligence de votre course; mais il faut me résoudre à les essuyer, et lui faire espérer qu'une autre fois vous irez plus promptement si l'on veut bien vous confier à l'avenir quelque chose dont on soit pressé. Je vois que M. de Bonrepaux a pris tout cela avec sa bonté ordinaire, et qu'il tâche même de vous excuser. Du reste vos lettres nous font beaucoup de plaisir, et je serai bien aise d'en recevoir souvent. Faites mille compliments pour moi à M. de Bonnac.[1]

LETTRE XIX.

Marly, 5 février 1698.

Il est juste, mon fils, que je vous fasse part de ma satisfaction comme je vous ai fait souffrir de mes inquiétudes. Non seulement M. de Torcy n'a point pris en mal votre séjour à Bruxelles, mais il a même approuvé tout ce que vous y avez fait, et a été bien aise que vous ayez fait la révérence à M. de Bavière. Vous ne devez point trouver étrange que, vous aimant comme je fais, je sois si facile à m'alarmer sur toutes les choses qui ont de l'air d'une faute, et qui pourroient faire tort à la bonne opinion que je souhaite qu'on ait de vous. On m'a donné pour vous une ordonnance de

---

[1] Neveu de M. de Bonrepaux.

voyage ; j'irai la recevoir quand je serai à Paris, et je vous en tiendrai bon compte. Mandez-moi bien franchement tous vos besoins.

J'approuve au dernier point les sentiments où vous êtes sur toutes les bontés de M. de Bonrepaux, et la résolution que vous avez prise de n'en point abuser. Témoignez à M. de Bonnac ma reconnoissance pour l'amitié dont il vous honore : son extrême honnêteté est un beau modèle pour vous , et je ne saurois assez louer Dieu de vous avoir procuré des amis de ce mérite. Vous avez eu quelque raison d'attribuer l'heureux succès de votre voyage par un si mauvais temps aux prières qu'on a faites pour vous : je compte les miennes pour rien ; mais votre mère et vos petites sœurs prioient tous les jours Dieu qu'il vous préservât de tout accident; et on faisoit la même chose à Port-Royal. Je doute que votre sœur puisse y demeurer long-temps à cause de ses fréquentes migraines, et à cause qu'il y a si peu d'apparence qu'elle y puisse rester pour toute sa vie.

Je ne sais si vous savez que M. Corneille notre confrère est mort [1]. Il s'étoit confié à un charlatan qui lui donnoit des drogues pour lui dissoudre sa pierre : ces drogues lui ont mis le feu dans la vessie; la fièvre l'a pris, et il est mort. Sa famille demande sa charge pour son petit-cousin, fils de ce brave M. de Marsilly qui fut tué à Leuse , et

---

[1] Gentilhomme ordinaire, et parent de Corneille.

qui avoit épousé la fille de Thomas Corneille. Je vous écrirai une autre fois plus au long; le jour me manque, et je suis paresseux d'allumer ma bougie. Vous ne pouvez m'écrire trop souvent : vos lettres me semblent très naturellement écrites; et plus vous en écrirez, plus aussi vous aurez de facilité. J'ai laissé votre mère en bonne santé. Vous ne sauriez lui faire trop d'amitiés dans vos lettres, car elle mérite que vous l'aimiez, et que vous lui en donniez des marques. J'ai lu à M. le maréchal de Noailles votre dernière lettre, où vous témoignez tant de reconnoissance pour les bons traitements que vous avez reçus de M. le prince et de madame la princesse de Straerback. M. de Torcy m'a appris que vous étiez dans la gazette de Hollande : si je l'avois su, je l'aurois fait acheter pour la lire à vos petites sœurs, qui vous croiroient devenu un homme de conséquence.

LETTRE XX.

Paris, 15 février 1698.

Je crois que vous aurez été content de ma dernière lettre, et de la réparation que je vous y faisois de tout le chagrin que je puis vous avoir donné sur votre voyage. J'ai reçu votre ordonnance au trésor royal; mais quelques instances que M. de Chamlai, que j'avois mené avec moi, ait pu faire à M. de Turmenies, je n'en ai pu tirer que neuf cents livres : on prétend même que c'est beaucoup. Nous vous tiendrons compte de cette somme ; et vous n'aurez qu'à prier M. l'ambassadeur de vous donner l'argent dont vous aurez besoin, j'aurai soin de le donner aux personnes à qui il me mandera de le donner. J'ai achevé de payer ma charge, et nous avons remboursé madame Quinault : mais vous jugez bien que cela nous resserre beaucoup dans nos affaires, et qu'il faut que nous vivions d'économie pour quelque temps. J'espère que vous nous aiderez un peu en cela, et que vous ne songerez pas à nous faire des dépenses inutiles, tandis que nous nous retranchons souvent le nécessaire.

Vous êtes extrêmement obligé à M. de Bonnac de tout le bien qu'il mande ici de vous ; et tout ce que j'ai à souhaiter, c'est que vous soutenicz la bonne opinion qu'il a conçue de vous. Vous me ferez un sensible plaisir de lui demander pour moi une place dans son amitié, et de lui témoigner combien je suis sensible à toutes ses bontés. Je crois qu'il n'est pas besoin de vous exhorter à n'en point abuser ; je vous ai toujours vu une grande appréhension d'être à charge à personne, et c'est une des choses qui me plaisoient le plus en vous.

J'ai trouvé à Versailles un tiroir tout plein de livres, dont une partie étoit à moi, et l'autre vous appartient : je vous les souhaiterois tous à la Haye, à la réserve de deux ou trois, qui en vérité ne valent pas la reliure que vous leur avez donnée.

J'ai reçu une grande lettre de votre sœur aînée, qui étoit fort en peine de vous, et qui nous prie instamment de la laisser où elle est : cependant il n'y a guère d'apparence de l'y laisser plus longtemps ; la pauvre enfant me fait beaucoup de compassion par le grand attachement qu'elle a conçu pour une maison dont les portes vraisemblablement ne s'ouvriront pas sitôt. Votre sœur Nanette est tombée ces jours passés, et s'est fait un grand mal au genou ; mais elle se porte bien, Dieu merci.

Il me paroît par votre dernière lettre que vous aviez beaucoup d'occupation, et que vous étiez fort aise d'en avoir : c'est la meilleure nouvelle que vous me puissiez mander ; et je serai à la joie de mon cœur quand je verrai que vous prenez plaisir à vous instruire et à vous rendre capable. Écrivez-moi toutes les fois que cela ne vous détournera point de quelque meilleure occupation. Votre mère seroit curieuse de savoir ce qui vous est resté de tout ce qu'elle vous avoit donné pour votre voyage. M. Despréaux me demande toujours de vos nouvelles, et témoigne beaucoup d'amitié pour vous.

LETTRE XXI.

Paris, 23 février 1698.

J'ai attendu si tard à commencer ma lettre, qu'il faut que je la fasse fort courte si je veux qu'elle parte aujourd'hui. M. l'abbé de Châteauneuf parle très obligeamment de vous ; il est sur-tout très édifié de la résolution où vous êtes de bien employer votre temps. Il a dit à M. Dacier que le premier livre que vous aviez acheté en Hollande, c'étoit Homère : cela vous fit beaucoup d'honneur dans notre petite académie, où M. Dacier dit cette nouvelle; et cela donna sujet à M. Despréaux de s'étendre sur vos louanges, c'est-à-dire sur les espérances qu'il a conçues de vous : car vous savez que Cicéron dit que dans un homme de votre âge on ne peut guère louer que l'espérance. Mais l'homme du monde à qui vous êtes le plus obligé, c'est M. de Bonnac; il parle de vous dans toutes ses lettres comme si vous aviez l'honneur d'être son frère. Je vous estime d'autant plus heureux de cette bonne opinion qu'il a conçue de vous, que lui-même est ici en réputation d'être un des plus aimables et des plus honnêtes hommes du monde. Tous ceux qui l'ont vu en Danemarck ou à la Haye sont revenus charmés de sa politesse et de son esprit. Voilà de bons exemples que vous avez devant vous, et vous n'avez qu'à imiter ce que vous voyez.

J'ai lu à M. Despréaux votre dernière lettre; il en fut très content, et trouva que vous écriviez très naturellement. Je lui montrai l'endroit où vous dites que vous parliez souvent de lui avec M. l'ambassadeur; et comme il est fort bon homme, cela l'attendrit beaucoup, et lui fit dire beaucoup de bien et de M. l'ambassadeur et de vous.

M. le comte d'Ayen a été fort mal d'une fluxion sur la poitrine; il est mieux. Madame sa mère m'a parlé d'une dame qui est très fâchée que vous n'ayez pas fait un plus long séjour à Bruxelles. Pour moi je ne me plains plus qu'il ait été ni trop long ni trop court; mais je voudrois seulement que vous y eussiez vu en passant un homme qui étoit du moins aussi digne de votre curiosité que tout ce que vous y avez vu.

Je revins il y a huit jours de Port-Royal, d'où j'avois résolu de ramener votre sœur; mais il me fut impossible de lui persuader de revenir. Elle prétend avoir tout de bon renoncé au monde, et que si l'on ne reçoit plus de religieuse à Port-Royal, elle s'ira réfugier aux carmélites. On en est très content, et j'en suis aussi revenu très édifié. Elle me demanda fort de vos nouvelles, et me dit qu'on avoit bien prié Dieu pour vous dans la maison. Adieu. Votre mère vous salue.

LETTRE XXII.

Paris, 24 février 1698.

Vous direz à M. l'ambassadeur une chose qu'il ne sait peut-être pas, c'est que le roi a enfin récompensé les plénipotentiaires, que tout le monde regardoit presque comme des gens disgraciés. Il a donné la charge de secrétaire du cabinet à M. de Callières, à condition que M. de Callières donnera sur cette charge cinquante mille francs à M. de Cressy, et quinze mille à l'abbé Morel : ce sont soixante-cinq mille livres dont le roi donne un brevet de retenue à M. de Callières. Sa majesté donne encore à M. de Cressy, pour son fils, la charge de gentilhomme ordinaire, vacante par la mort du pauvre M. Corneille, et donne à M. de Harlay cinq mille livres de rente sur l'hôtel de ville. Voilà toutes les nouvelles de la cour.

Je viens de donner à une personne, qui vous les remettra, onze louis d'or et demi vieux, faisant cent quarante livres dix-sept sous six deniers. Je vous prie d'en être le meilleur ménager que vous pourrez, et de vous souvenir que vous n'êtes pas le fils d'un traitant ni d'un premier valet de garde-robe. M. Q.... qui, comme vous savez, est le plus pauvre des quatre, a marié depuis peu sa fille à un jeune homme extrêmement riche.

Votre mère, qui est toujours portée à bien

penser de vous, croit que vous l'informerez de l'argent qui vous reste, de l'emploi que vous avez fait de celui que vous avez emporté, et que cela fera en partie le sujet des lettres que vous lui promettez de lui écrire; mais vraisemblablement vous croyez qu'il n'est pas du grand air de parler de ces bagatelles. Nous autres bonnes gens de famille nous allons plus simplement, et nous croyons que bien savoir son compte n'est pas au-dessous d'un honnête homme. Sérieusement, vous me ferez plaisir de paroître un peu appliqué à vos petites affaires.

M. Despréaux a dîné aujourd'hui au logis, et nous lui avons fait très bonne chère, graces à un fort bon brochet et à une belle carpe qu'on nous avoit envoyés de Port-Royal. M. Despréaux venoit de toucher sa pension, et de porter chez M. Caillet, notaire, dix mille francs pour se faire cinq cent cinquante livres de rente sur la ville. Demain M. de Valincour viendra encore dîner au logis avec M. Despréaux : vous jugez bien que cela ne se passera pas sans boire la santé de M. l'ambassadeur et la vôtre. Dans la vérité, je suis fort content de vous ; et vous le seriez aussi beaucoup de votre mère et de moi si vous saviez avec quelle tendresse nous nous parlons souvent de vous. Songez que notre ambition est fort bornée du côté de la fortune, et que la chose que nous demandons du meilleur cœur au bon Dieu, c'est qu'il vous fasse la grace d'être homme de bien, et d'avoir une conduite qui réponde à l'éducation que nous avons tâché de vous donner. J'ai été un peu incommodé ces jours passés ; cela n'a pas eu de suite. Votre sœur Nanette avoit écrit une grande lettre pleine d'amitiés ; je ne vous l'envoie pas encore, elle grossiroit trop mon paquet. Adieu, mon cher fils. Il me semble qu'il y a long-temps que je n'ai reçu de vos nouvelles.

LETTRE XXIII.

Paris 10 mars 1698.

Votre mère est fort contente du détail que vous lui mandez de vos affaires, et fort affligée que vous ayez perdu sur les espèces. Je crois vous avoir mandé que j'ai donné pour vous onze louis d'or vieux et un demi-louis vieux, faisant en tout cent quarante livres dix-sept sous six deniers. Ne vous laissez manquer de rien, et croyez que j'approuverai tout ce que M. l'ambassadeur approuvera. Il me mande qu'il est fort content de vous ; c'est la meilleure nouvelle qu'il puisse me mander, et la chose du monde qui peut le plus contribuer à me rendre heureux. Ce que vous m'écrivez des Carthaginois m'a fort étonné ; mais songez que les lettres peuvent être vues, et qu'il faut écrire avec beaucoup de précaution sur certains sujets. M. Félix le fils se plaint de ce que vous ne lui écrivez point; mais le commerce de lettres entre lui et vous étant aussi cher qu'il est, vous ferez aussi sagement de ne vous pas ruiner les uns les autres.

Votre mère se porte bien ; Madelon et Lionval sont un peu incommodés, et je ne sais s'il ne faudra point leur faire rompre le carême : j'en étois assez d'avis, mais votre mère croit que cela n'est pas nécessaire. Comme le temps de pâques approche, vous voulez bien que je songe un peu à vous, et que je vous recommande aussi d'y songer. Vous ne m'avez encore rien mandé de la chapelle de M. l'ambassadeur. Je sais combien il est attentif aux choses de la religion, et qu'il s'en fait une affaire capitale. Est-ce des prêtres séculiers par qui il la fait desservir, ou bien sont-ce des religieux? Je vous conjure de prendre en bonne part les avis que je vous donne là-dessus, et de vous souvenir que comme je n'ai rien plus à cœur que de me sauver, je ne puis avoir de véritable joie si vous négligez une affaire si importante, et la seule proprement à laquelle nous devrions tous travailler. On m'a dit qu'il falloit absolument que votre sœur aînée revînt avec nous, et j'irai la semaine de pâques pour la ramener : ce sera une rude séparation pour elle et pour ces saintes filles, qui sont fort contentes d'elle. Nanette vous fait ses compliments dans toutes ses lettres.

Milord Portland fit hier son entrée. Tout Paris y étoit : mais il me semble qu'on ne parle que de la magnificence de M. de Boufflers qui l'accompagnoit, et point du tout de celle de milord.

Je mande à M. l'ambassadeur que vous lui montrerez un endroit de Virgile où Nisus se plaint à Énée qui ne le récompensoit point, lui qui avoit fait des merveilles, et qu'il récompense des gens qui ont été vaincus.

> Si tanta, inquit, sunt præmia victis,
> Et te lapsorum miseret; quæ munera Niso
> Digna dabis?
> *Æneid. lib. V.*

Voilà cet endroit; je suis assuré que vous le trouverez fort beau. Votre mère vous embrasse, et se repose sur moi du soin de vous écrire de ses nouvelles.

LETTRE XXIV.

Paris, 16 mars 1698.

Je m'étonne que vous n'ayez pas eu le temps de m'écrire un mot par les deux courriers que M. l'ambassadeur a envoyés coup sur coup, et qui sont venus m'apprendre de vos nouvelles : ils me disent que vous êtes très content. Je ne puis vous exprimer combien cela me fait de plaisir; mais, pendant que vous êtes dans un lieu où vous vous plaisez et où vous êtes dans la meilleure compagnie du monde, votre pauvre sœur aînée est dans les larmes et dans la plus grande affliction où elle ait été de sa vie : c'est tout de bon qu'il faut qu'elle se sépare de sa chère tante et des saintes filles avec qui elle s'estimoit si heureuse de servir Dieu. Mais, quelque instance que je lui aie pu faire pour l'obliger de revenir avec nous, elle a résolu de ne jamais remettre le pied au logis ; elle prétend s'aller enfermer dans Gif, et s'y faire religieuse si elle perd l'espérance de l'être à Port-Royal. Elle m'a écrit là-dessus des lettres qui m'ont troublé et déchiré au dernier point; et je m'assure que vous en seriez attendri vous-même. La pauvre enfant a eu jusqu'ici bien des peines, et a été bien traversée dans le dessein qu'elle a de se donner à Dieu : je ne sais quand il permettra qu'elle mène une vie un peu plus calme et plus heureuse. Elle étoit charmée d'être à Port-Royal, et toute la maison étoit aussi très contente d'elle. Il faut se soumettre aux volontés de Dieu. Je ne suis guère en état de vous entretenir sur d'autres matières, et j'ai eu mille peines à achever la lettre que j'ai écrite à M. l'ambassadeur. Je pars demain pour aller à Port-Royal et régler toutes choses avec ma tante, et de là j'irai coucher à Versailles pour aller coucher mercredi à Marly.

Je ne doute pas que vous ne soyez fort aise du mariage de M. le comte d'Ayen : il me témoigne toujours beaucoup d'amitié pour vous. Le voilà présentement le plus riche seigneur de la cour. Le roi donne à mademoiselle d'Aubigné huit cent mille francs, outre cent mille francs en pierreries. Madame de Maintenon assure aussi à sa nièce six cent mille francs. On donne à M. le comte d'Ayen les survivances des deux gouvernements, sans compter des pensions. M. le maréchal de Noailles assure quarante-cinq mille livres de rente à M. son fils, et lui en donne présentement dix-huit mille. Voilà, Dieu merci, de grands biens; mais ce que j'estime plus que tout cela, c'est qu'il est fort sage et très digne de la grande fortune qu'on lui fait. Adieu. Écrivez-moi souvent, et priez M. l'ambassadeur de vouloir vous avertir une heure ou deux avant le départ de ses courriers quand il sera obligé d'en envoyer; quand vous n'écririez que dix ou douze lignes, cela me fera toujours beaucoup de plaisir. Lionval a été un peu malade; vos petites sœurs sont en bonne santé : votre mère vous écrira dans deux jours. Assurez M. de Bonnac de toute la reconnoissance que j'ai pour l'amitié dont il vous honore. Je l'en remercierai moi-même à la première occasion et lorsque j'aurai l'esprit un peu plus tranquille que je ne l'ai.

LETTRE XXV.

Paris, le lundi de Pâques 31 mars 1698.

J'ai lu avec beaucoup de plaisir tout ce que vous me mandez de la manière édifiante dont le service se fait dans la chapelle de M. l'ambassadeur, et sur les dispositions où vous étiez de bien employer ce saint temps. Je vous assure que vous auriez encore pensé plus sérieusement que vous ne faites sur l'incertitude de la mort et sur le peu de cas qu'on doit faire de la vie, si vous aviez vu le triste spectacle que nous venons de voir, votre mère et moi, cette après-dînée. La pauvre Fanchon s'étoit plainte de beaucoup de maux de tête tout le matin ; on a été obligé après le dîner de la faire mettre sur son lit ; et sur les trois heures, comme je prenois mon livre pour aller à vêpres, j'ai demandé de ses nouvelles. Votre mère, qui la venoit de quitter, m'a dit qu'elle lui trouvoit un peu de fièvre. J'ai été pour lui tâter le pouls ; je l'ai trouvée renversée sur son lit, sans la moindre connoissance, le visage tout bouffi, avec une quantité horrible d'eaux qui l'étouffoient et faisoient un bruit effroyable dans sa gorge ; enfin une vraie apoplexie. J'ai fait un grand cri, et je l'ai prise entre mes bras ; mais sa tête et tout son corps n'étoient plus que comme un linge mouillé : un moment plus tard elle étoit morte. Votre mère est venue tout éperdue, et lui a jeté quelques poignées de sel dans la bouche; on l'a baignée d'esprit de vin et de vinaigre; mais elle a été plus d'une grande demi-heure entre nos bras dans le même état, et nous n'attendions que le moment qu'elle alloit étouffer. Nous avons vite envoyé chez M. Maréchal, il n'y étoit point. A la fin, à force de la tourmenter, et de lui faire avaler par force, tantôt du vin, tantôt du sel, elle a vomi une quantité épouvantable d'eaux qui lui étoient tombées du cerveau dans la poitrine ; elle a pourtant été deux heures entières sans revenir à elle, et il n'y a qu'une heure à peu près que la connoissance lui est revenue. Elle m'a entendu dire à votre mère que j'allois vous écrire; elle m'a prié de vous faire bien ses compliments : c'est en quelque sorte la première marque de connoissance qu'elle nous a donnée. Je vous assure que vous auriez été aussi ému que nous l'avons tous été. Madelon en est encore tout effrayée, et a bien pleuré sa sœur qu'elle croyoit morte.

Je vais demain à Port-Royal, d'où j'espère ramener votre sœur aînée. Ce sera encore un autre spectacle fort triste pour moi, et il y aura bien des larmes versées à cette séparation. Nous avons jugé qu'elle n'avoit point d'autre parti à prendre qu'à revenir avec nous, sans aller de couvent en couvent; du moins elle aura le temps de rétablir sa santé, qui s'est fort affoiblie par les austérités du

carême, et elle s'examinera à loisir sur le parti
qu'elle doit embrasser. Nous lui avons préparé la
chambre où couchoit votre petit frère, qui cou-
chera dans la vôtre avec sa mie. Vos lettres me
font toujours un extrême plaisir, et même à
M. Despréaux, à qui je les montre quelquefois, et
qui continue à m'assurer que j'aurai beaucoup de
satisfaction de vous, et que vous ferez des merveilles. Votre laquais m'a fait demander une aug-
mentation de gages, disant pour ses raisons que
le vin est fort cher en Hollande. Ni je ne suis en
état d'augmenter ses gages, ni je ne crois point ses
services assez considérables pour les augmenter.
Du reste ne vous laissez manquer de rien ; mandez-
moi tous vos besoins, et croyez qu'on ne peut
vous aimer plus tendrement.

LETTRE XXVI.

Paris, 14 avril 1698.

Votre sœur commence à se raccoutumer avec
nous ; mais non pas avec le monde, dont elle paroît toujours fort dégoûtée. Elle prend un fort
grand soin de ses petites sœurs et de son petit
frère, et elle fait tout cela de la meilleure grace du
monde. Votre mère est édifiée d'elle, et en reçoit
un fort grand soulagement. Il a fallu bien des
combats pour la résoudre à porter des habits fort

simples et fort modestes qu'elle a retrouvés dans son armoire, et il a fallu au moins lui promettre qu'on ne l'obligeroit jamais à porter ni or ni argent. Ou je me trompe, ou vous n'êtes pas tout-à-fait dans ces mêmes sentiments; et vous traitez peut-être de grande foiblesse d'esprit cette aversion qu'elle témoigne pour les ajustements et la parure, j'ajouterai même pour la dorure. Mais que cette petite réflexion que je fais ne vous effraie point; je sais aussi-bien compatir à la petite vanité des jeunes gens, comme je sais admirer la modestie de votre sœur. J'ai même prié M. l'ambassadeur de vous faire avancer ce qui sera nécessaire pour un habit tel que vous en aurez besoin, et je m'abandonne sans aucune répugnance à tout ce qu'il jugera à propos.

J'ai été charmé de l'éloge que vous me faites de M. de Bonnac, et de la noble émulation qu'il me semble que son exemple vous inspire : ayez bien soin de lui témoigner combien je l'honore, et combien je souhaite qu'il me compte au nombre de ses serviteurs. Votre petit frère est fort enrhumé, aussi-bien que Madelon; tous deux ne font que tousser. Fanchon ne se ressent plus de son accident, que M Fagon appelle un catarrhe suffocant. Votre mère et votre sœur se portent fort bien et vous font leurs compliments. M. Despréaux vous fait aussi les siens : il est à la joie de son cœur depuis qu'il a vu son *amour de Dieu* imprimé (en 1698) avec de grands éloges dans une réponse qu'on a faite au père Daniel. On m'a dit mille biens de plusieurs ecclésiastiques qui sont en Hollande. C'est une grande consolation de trouver des gens de bien, et de pouvoir quelquefois s'entretenir avec eux des choses du salut, sur-tout dans un pays où l'on est si dissipé par les divertissements et les affaires. Du reste j'apprends avec beaucoup de plaisir que vous ne voyez que les mêmes gens que voit M. l'ambassadeur; et si vous fréquentiez d'autres compagnies que les siennes, je serois dans de très grandes inquiétudes. Je ne vous écrirai pas plus au long, me trouvant accablé d'affaires au sujet de l'argent qu'il faut que je donne pour ma taxe.

LETTRE XXVII.

Paris, 25 avril 1698.

J'ai été fort incommodé depuis la dernière lettre que je vous ai écrite, ayant eu plusieurs petits maux dont il n'y en avoit pas un seul dangereux, mais qui étoient tous assez douloureux pour m'empêcher de dormir la nuit et de m'appliquer durant le jour : ces maux étoient un fort grand rhume, un rhumatisme et un petit érysipèle ou érésipèle qui m'inquiète beaucoup de temps en temps. Cela a donné occasion à votre mère et à mes meilleurs amis de m'insulter sur la paresse que j'avois depuis si long-temps de faire des remèdes. J'en ai donc commencé quelques uns. Vos deux petites sœurs prenoient hier médecine pendant qu'on me saignoit ; et il fallut que votre mère me quittât pour aller forcer Fanchon à avaler sa médecine : elle a toujours été un peu incommodée depuis son catarrhe. Je lui ai lu votre lettre ; elle fut fort touchée de l'intérêt que vous preniez à sa maladie, et du soin que vous preniez de lui donner des conseils de si loin : elle ne fait plus autre chose depuis ce temps-là que de se moucher, et fait un bruit comme si elle vouloit que vous l'entendissiez et que vous vissiez combien elle fait cas de vos conseils.

Votre sœur aînée est d'une humeur fort douce : j'ai tout sujet d'être édifié de sa conduite et de sa grande piété ; mais elle est toujours fort farouche. Elle pensa hier rompre en visière avec une personne qui lui faisoit entendre, par manière de civilité, qu'il la trouvoit bien faite ; et je fus obligé même, quand nous fûmes seuls, de lui en faire une petite réprimande. Elle voudroit ne bouger de sa chambre et ne voir personne ; du reste elle est assez gaie avec nous, et prend grand soin de ses petites sœurs et de son petit frère. Mais voilà assez vous parler de notre ménage.

Vous ne serez pas fort affligé d'apprendre que R... huissier de la chambre, a été mis à la Bastille, et qu'on lui a ordonné de se défaire de sa charge. Ses confrères seront fort aises d'être délivrés de lui. Pour moi, il ne me saluoit plus, et avoit toujours envie de me fermer la porte au nez lorsque je venois chez le roi. Avec tout cela je le plaindrois, si un homme insolent, et qui cherchoit si volontiers la haine de tous les honnêtes gens, pouvoit mériter quelque pitié. Il y a eu une catastrophe qui a fait bien plus de bruit que celle-là ; c'est celle d'un Breton, qui n'étoit pour ainsi dire connu de personne, et que le roi avoit nommé évêque de Poitiers. Vous avez entendu parler de cette affaire, qui a été très fâcheuse pour cet évêque de deux jours, et bien plus pour le père de La Chaise son protecteur, qui a eu le déplaisir de voir défaire son ouvrage. Mille compliments pour moi à M. de Bonnac, qui est de toutes les compagnies que vous voyez celle que je vous envie le plus.

LETTRE XXVIII.

Paris, 2 mai 1698.

Votre mère et moi nous approuvons entièrement tout ce que vous avez pensé sur votre habit, et nous souhaitons même qu'on ait déjà pensé à y travailler, afin que vous l'ayez pour l'entrée de M. l'ambassadeur. Vous n'avez qu'à le prier de vous faire donner l'argent dont vous croyez avoir besoin, tant pour l'habit que pour les autres choses que vous jugerez nécessaires. J'ai approuvé votre conduite à l'égard des ecclésiastiques dont je vous avois parlé; vous me ferez plaisir de répondre au mieux à leurs honnêtetés : il peut même arriver des occasions où vous ne serez pas fâché de vous adresser à eux pour les choses qui regardent votre salut, quand vous serez assez heureux pour y songer sérieusement. Il ne se peut rien de plus sage que la conduite de M. l'ambassadeur envers eux. Il a un frère dont on m'a dit des merveilles; on ne l'appelle que le saint solitaire. Je suis sûr que M. l'ambassadeur, avec tous les honneurs qui l'environnent, envie souvent de bon cœur le calme et la félicité de M. son frère.

M. Despréaux recevra avec joie vos lettres quand vous lui écrirez : mais je vous conseille de me les adresser, de peur que le prix qui lui en coûteroit ne diminue beaucoup le prix même de tout ce que vous pourriez lui mander. N'appréhendez pas de m'ennuyer par la longueur de vos lettres; elles me font un extrême plaisir, et nous sont d'une très grande consolation à votre mère et à moi, et même à toutes vos sœurs, qui les écoutent avec une merveilleuse attention en attendant l'endroit où vous ferez mention d'elles.

Il y aura demain trois semaines que je ne suis sorti de Paris, à cause de cette espèce de petit érésipèle que j'ai. Vous ne sauriez croire combien je me plais dans cette espèce de retraite, et avec quelle ardeur je demande au bon Dieu que vous soyez en état de vous passer de mes petits secours, afin que je commence un peu à me reposer et à mener une vie conforme à mon âge et même à mon inclination. M. Despréaux m'a tenu très bonne compagnie. Toutes vos sœurs sont en bonne santé, aussi-bien celles qui sont ici que celles qui sont au couvent, et qui témoignent toutes deux une grande ferveur pour achever de se consacrer à Dieu. Babet m'écrit les plus jolies lettres du monde, et les plus vives, sans beaucoup d'ordre, comme vous pouvez croire, mais extrêmement conformes au caractère que vous lui connoissez. Elle nous demande avec grand soin de vos nouvelles. Adieu, mon cher fils : je vous écrirai plus au long une autre fois. J'ai si mal dormi que je n'ai pas la tête bien libre : n'ayez sur-tout aucune inquiétude sur ma santé, qui au fond est très bonne.

LETTRE XXIX.

Paris, 16 mai 1698.

Votre relation du voyage que vous avez fait à Amsterdam m'a fait un très grand plaisir : je n'ai pu m'empêcher de la lire à M. de Valincour et à M. Despréaux. Je me gardai bien, en la lisant, de leur lire l'étrange mot de *tentatif*, que vous avez appris de quelque Hollandois, et qui les auroit beaucoup étonnés : du reste je pouvois tout lire en sûreté, et il n'y avoit rien qui ne fût selon la langue et selon la raison. M. Despréaux assure fort qu'il n'aura point de regret au port que lui pourront coûter vos lettres; mais je crois que vous ferez aussi-bien d'attendre quelque bonne commodité pour lui écrire. Votre mère est fort touchée du souvenir que vous avez d'elle. Elle seroit assez aise d'avoir votre beurre; mais elle craint également et de vous donner de l'embarras et d'être embarrassée pour recevoir votre présent qui se gâteroit peut-être en chemin.

M. de R. m'a appris que la Chammeslé étoit à l'extrémité, de quoi il paroît très affligé; mais ce qui est le plus affligeant, c'est de quoi il ne se soucie guère, je veux dire l'obstination avec laquelle cette pauvre malheureuse refuse de renoncer à la comédie, ayant déclaré, à ce qu'on m'a dit, qu'elle trouvoit très glorieux pour elle de mourir comédienne. Il faut espérer que quand elle verra la mort de plus près elle changera de langage, comme font d'ordinaire la plupart de ces gens qui font tant les fiers quand ils se portent bien. Ce fut madame de Caylus qui m'apprit hier cette particularité, dont elle étoit effrayée, et qu'elle a sue de M. le curé de Saint-Sulpice.

Un mousquetaire, fils d'un de nos camarades, a eu une affaire assez bizarre avec M. de V..., qui, le prenant pour un de ses meilleurs amis, lui donna en badinant un coup de pied dans le derrière, puis, s'étant aperçu de son erreur, lui fit beaucoup d'excuses : mais le mousquetaire, sans se payer de ses raisons, prit le moment qu'il avoit le dos tourné, et lui donna aussi un coup de pied de toute sa force; après quoi il le pria de l'excuser, disant qu'il l'avoit pris aussi pour un de ses amis. L'action, qui s'est passée sur le petit degré de Versailles, par où le roi revient de la chasse, a paru fort étrange. On a fait mettre le mousquetaire en prison : il est parent de madame Quentin; et cette parenté ne lui a pas été infructueuse en cette occasion. M. de Boufflers accommoda promptement les deux parties. Je fais toujours résolution de vous écrire de longues lettres; mais je m'y prends toujours trop tard : il faut que je finisse malgré moi. Je me porte bien, et toute la famille. Adieu.

LETTRE XXX.

Paris, 23 juin 1698.

Votre mère s'est fort attendrie à la lecture de votre dernière lettre, où vous mandiez qu'une de vos plus grandes consolations étoit de recevoir de nos nouvelles; elle est très contente de ces marques de votre bon naturel. Mais je puis vous assurer qu'en cela vous nous rendez bien justice, et que les lettres que nous recevons de vous font toute la joie de la famille, depuis le plus grand jusqu'au plus petit : ils m'ont tous prié aujourd'hui de vous faire leurs compliments, et votre sœur aînée comme les autres. La pauvre fille me fait assez de pitié, par l'incertitude que je vois dans ses résolutions, tantôt à Dieu, tantôt au monde, et craignant de s'engager de façon ou d'autre : du reste elle est fort douce. Madelon a eu une petite vérole volante : je crains bien pour votre petit frère ; il est très joli, apprend bien, et, quoique fort éveillé, ne nous donne pas la moindre peine.

J'allai dîner, il y a trois jours, à Auteuil, où M. de Termes amena le nouveau musicien Destouches, qui fait un nouvel opéra pour Fontainebleau. Il en chanta plusieurs endroits, dont la compagnie parut charmée, et sur-tout M. Despréaux, qui prétendoit l'entendre bien distinctement, et qui raisonna fort, à son ordinaire, sur la musique. Le musicien fut très étonné que je n'eusse pas vu son dernier opéra, et encore plus étonné des raisons que M. Despréaux lui en dit, et qui peut-être ne le satisfirent pas beaucoup.

On me demanda de vos nouvelles, et M. Despréaux assura la compagnie que vous seriez un jour très digne d'être aimé de tous mes amis. Vous savez que les poëtes se piquent d'être prophètes ; mais ce n'est que dans l'enthousiasme de leur poésie qu'ils le sont, et M. Despréaux parloit en prose. Ses prédictions ne laissèrent pas néanmoins que de me faire plaisir. C'est à vous, mon cher fils, à ne pas faire passer M. Despréaux pour un faux prophète. Je vous l'ai dit plusieurs fois, vous êtes à la source du bon sens et de toutes les belles connoissances pour le monde et pour les affaires.

J'aurois une joie sensible de voir la maison de campagne dont vous faites tant de récit, et d'y manger avec vous des groseilles de Hollande. Ces groseilles ont bien fait ouvrir les oreilles à vos petites sœurs, et à votre mère elle-même, qui les aime fort. Je ne saurois m'empêcher de vous dire qu'à chaque chose d'un peu bon que l'on nous sert sur notre table, il lui échappe toujours de dire : *Racine en mangeroit volontiers*. Je n'ai jamais vu en vérité une si bonne mère, ni si digne que vous fassiez votre possible pour reconnoître son amitié. Au moment que je vous écris, vos deux petites sœurs me viennent apporter un bouquet pour ma fête, qui sera demain, et qui sera aussi la vôtre. Trouverez-vous bon que je vous fasse souvenir que ce même saint Jean, qui est notre patron, est aussi invoqué par l'église comme le patron des gens qui sont en voyage, et qu'elle lui adresse pour eux une prière qui est dans l'itinéraire, et que j'ai dite plusieurs fois à votre intention ? Adieu, mon cher fils.

LETTRE XXXI.

Versailles, 15 juin 1698.

Le roi a renvoyé M. l'abbé de Langeron et M. l'abbé de Beaumont. La querelle de M. de Cambrai est cause de tout ce remue-ménage. On a donné une de ces places au recteur de l'université, nommé M. Vittement, qui fit une fort belle harangue au roi sur la paix. M. de Puységur est nommé pour un des gentilshommes de la manche. Je ne puis vous cacher l'obligation que vous avez à M. le maréchal de Noailles : il avoit songé à vous, et en avoit même parlé ; mais vous voyez bien, par le choix de M. de Puységur, que M. le duc de Bourgogne n'étant plus un enfant, on veut mettre auprès de lui des gens d'une expérience consommée, sur-tout pour la guerre.

Vous voyez du moins que vous avez ici des protecteurs qui ne vous oublient point, et que si vous voulez continuer à travailler et à vous mettre en bonne réputation, l'on ne manquera pas de vous mettre en œuvre dans les occasions. Vous ne me parlez plus de l'étude que vous aviez commencée de la langue allemande. Vous voulez bien que je vous dise que j'appréhende un peu cette facilité avec laquelle vous embrassez de bons desseins, mais avec laquelle aussi vous vous en dégoûtez quelquefois. Les belles-lettres, où vous avez pris toujours assez de plaisir, ont un certain charme qui fait trouver beaucoup de sécheresse dans les autres études : mais c'est pour cela même qu'il faut vous opiniâtrer contre le penchant que vous avez à ne faire que les choses qui vous plaisent. Vous avez un grand modèle devant les yeux, je veux dire M. l'ambassadeur ; et je ne saurois trop vous exhorter à vous former sur lui le plus que vous pourrez. Je sais qu'il y a beaucoup de sujets de distraction et de dissipation à la Haye ; mais je vous crois l'esprit maintenant trop solide pour vous laisser détourner des occupations que M. l'ambassadeur veut bien vous donner ; autrement il vaudroit mieux revenir que d'être à charge au meilleur ami que j'aie au monde.

Je vous dis tout ceci, non point que j'aie aucun sujet d'inquiétude, étant au contraire très content des témoignages qu'on rend de vous ; mais comme je veille continuellement à ce qui vous est avantageux, j'ai pris cette occasion de vous exciter à faire de votre part tout ce qui peut faciliter les vues que mes amis pourront avoir pour vous. Je suis chargé de beaucoup de compliments de tous vos petits amis de ce pays-ci : je dis petits amis en comparaison des protecteurs dont je viens de vous parler. J'ai laissé votre mère et toute la famille en bonne santé, excepté que votre sœur est toujours sujette à ses migraines : je crains bien que la pauvre fille ne puisse pas accomplir les grands desseins qu'elle s'étoit mis dans la tête ; et je ne serai point du tout surpris quand il faudra que nous prenions d'autres vues pour elle.

LETTRE XXXII.

Paris, 26 juin 1698.

J'AI reçu la lettre que vous m'avez écrite d'Aix-la-Chapelle, et j'y ai vu avec beaucoup de plaisir la description que vous y faisiez des singularités de cette ville, et sur-tout de cette procession où Charlemagne assista avec de si belles cérémonies.

J'arrivai avant-hier de Marly, et j'ai trouvé toute la famille en bonne santé. Il m'a paru que votre sœur aînée reprenoit assez volontiers les petits ajustements auxquels elle avoit si fièrement renoncé ; et j'ai lieu de croire que sa vocation à la religion pourroit bien s'en aller avec celle que vous aviez eue pour être chartreux. Je n'en suis point du tout surpris, connoissant l'inconstance des jeunes gens, et le peu de fonds qu'il y a à faire sur leurs résolutions, sur-tout quand elles sont si violentes et si fort au-dessus de leur portée. Il n'en est pas ainsi de Nanette : comme l'ordre qu'elle a embrassé est beaucoup plus doux, sa vocation sera aussi plus durable. Toutes ses lettres marquent une grande persévérance ; et elle paroît même s'impatienter beaucoup des quatre mois que son noviciat doit encore durer. Babet souhaite aussi avec ardeur que son temps vienne pour se consacrer à Dieu. Toute la maison où elle est l'aime tendrement, et toutes les lettres que nous en recevons ne parlent que de son zèle et de sa sagesse. On dit qu'elle est fort jolie de sa personne. Vous jugez bien que nous ne la laisserons pas s'engager légèrement, et sans être bien assurés d'une vocation. Vous jugez bien aussi que tout cela n'est point un petit embarras pour votre mère et pour moi ; et que des enfants, quand ils sont venus en âge, ne donnent pas peu d'occupation. Je vous dirai sincèrement que ce qui nous console quelquefois dans nos inquiétudes, c'est d'apprendre que vous avez envie de bien faire, et de vous instruire des choses qui peuvent convenir aux vues que l'on peut avoir pour vous. Songez toujours que notre fortune est très médiocre, et que vous devez beaucoup plus compter sur votre travail que sur une succession qui sera fort partagée. Je voudrois avoir pu mieux faire. Je commence à être d'un âge où ma plus grande application doit être pour mon salut. Ces pensées vous paroîtront peut-être un peu sérieuses ; mais vous savez que j'en suis occupé depuis fort long-temps. Comme vous avez de la raison, j'ai cru vous devoir parler avec cette franchise à l'occasion de votre sœur, qu'il faut maintenant songer à établir. Mais enfin nous espérons que Dieu, qui ne nous a point abandonnés jusqu'ici, continuera à nous assister et à prendre soin de nous, sur-tout si vous ne l'abandonnez pas vous-même, et si votre plaisir ne l'emporte point sur les bons sentiments qu'on a tâché de vous inspirer. Adieu, mon cher fils : ne vous laissez manquer de rien de ce qui vous est nécessaire.

LETTRE XXXIII.

Paris, 7 juillet 1698.

Je puis vous assurer que M. de Torcy ne laissera échapper aucune occasion de vous rendre de bons offices. Comme il estime extrêmement M. l'ambassadeur, il ajoutera une foi entière aux bons témoignages qu'il lui rendra de vous. Je lui ai lu votre dernière lettre, aussi-bien qu'à M. le maréchal de Noailles : ils ont été charmés et effrayés de la description que vous y faites du grand travail et de l'application continuelle de M. l'ambassadeur. Je lisois ou je relisois ces jours passés, pour la centième fois, les épîtres de Cicéron à ses amis. Je voudrois qu'à vos heures perdues vous en pussiez lire quelques unes avec M. l'ambassadeur : je suis assuré qu'elles seroient extrêmement de son goût, d'autant plus que, sans le flatter, je ne vois personne qui ait mieux attrapé que lui ce genre d'écrire des lettres, également propre à parler sérieusement et solidement des grandes affaires, et à badiner agréablement sur les petites choses. Croyez que, dans ce dernier genre, Voiture est beaucoup au-dessous de l'un et de l'autre. Lisez ensemble les épîtres *ad Trebatium, ad Marium, ad Papyrium Pœtum,* et d'autres que je vous marquerai quand vous voudrez. Lisez même celle de Cælius à Cicéron : vous serez étonné de voir un homme aussi vif et aussi élégant que Cicéron même ; mais il faudroit pour cela que vous eussiez pu vous familiariser ces lettres par la connoissance de l'histoire de ce temps-là, à quoi les vies de Plutarque peuvent vous aider. Je vous conseille de faire la dépense d'acheter l'édition de ces épîtres par Grævius, en Hollande, *in*-8°. Cette lecture est excellente pour un homme qui veut écrire des lettres, soit d'affaires, soit de choses moins sérieuses.

J'irai demain coucher à Auteuil, et j'y attendrai le lendemain à souper votre mère avec sa famille. Votre sœur est rentrée dans sa première ferveur pour la piété; mais je crains qu'elle ne pousse les choses trop loin : cela est cause même de cette petite inégalité qui se trouve dans ses sentiments, les choses violentes n'étant pas de nature à durer long-temps. Votre petit frère n'a pas manqué de gagner la petite vérole; mais elle est si légère qu'il n'a pas même gardé le lit, et qu'il ne s'en lève que plus matin.

Je ferai de petits reproches à M. Despréaux de ce qu'il n'a pas envoyé à M. l'ambassadeur sa dernière édition ; vous jugez bien qu'il l'enverra fort vite. Votre mère est très édifiée de la modestie de votre habit ; mais nous ne vous prescrivons rien là-dessus ; c'est à vous de faire ce qui est du goût de M. l'ambassadeur ; sur-tout ne lui soyez point à charge, et mandez-nous à qui il faudra que nous donnions l'argent dont vous aurez besoin.

LETTRE XXXIV.

Paris, 21 juillet 1698.

Ce fut pour moi une apparition agréable de voir entrer M. de Bonnac dans mon cabinet ; mais ma joie se changea bientôt en chagrin, quand je le vis résolu à ne point loger chez moi, et à refuser la petite chambre que ma femme et moi nous le priâmes d'accepter. Nous recommençâmes nos instances le lendemain ; et j'allai jusqu'à le menacer de vous mander d'aller loger à l'auberge à la Haye. Il me représenta qu'il seroit trop loin du quartier de M. de Torcy, chez lequel il devoit se trouver à point nommé quand il arrivoit à Paris. Il a bien fallu me payer, malgré moi, de ces raisons ; et vous pouvez vous assurer que ma femme en a été du moins aussi chagrine que moi : vous savez comme elle est reconnoissante, et comme elle a le cœur fait. Il n'y a chose au monde qu'elle ne fît pour témoigner à M. de Bonrepaux combien elle est sensible aux bontés qu'il a pour vous. Elle est charmée, comme moi, de M. de Bonnac, et de toutes ses manières pleines d'honnêteté et de politesse. Elle sera au comble de sa joie si vous pouvez parvenir à lui ressembler, et si vous rapportez l'air et les manières qu'elle admire en lui. Il nous donne de grandes espérances sur votre sujet ; et vous êtes fort heureux d'avoir en lui un ami si plein de bonne volonté pour vous. S'il ne nous flatte point, et si les témoignages qu'il nous rend de vous sont bien sincères, nous avons de grandes graces à rendre au bon Dieu; et nous espérons que vous nous serez d'une grande consolation. Il nous assure que vous aimez le travail ; que la promenade et la lecture sont vos plus grands divertissements, et sur-tout la conversation de M. l'ambassadeur, que vous avez bien raison de préférer à tous les plaisirs du monde ; du moins je l'ai toujours trouvée telle, et non seulement moi, mais tout ce qu'il y a ici de personnes de meilleur esprit et de meilleur goût.

Je n'ai osé lui demander si vous pensiez un peu au bon Dieu ; j'ai eu peur que la réponse ne fût pas telle que je l'aurois souhaitée : mais enfin je veux me flatter que, faisant votre possible pour devenir un parfait honnête homme, vous concevrez qu'on ne peut l'être sans rendre à Dieu ce qu'on lui doit. Vous connoissez la religion, je puis même dire que vous la connoissez belle et noble comme elle est ; ainsi il n'est pas possible que vous ne l'aimiez. Pardonnez si je vous mets quelquefois sur ce chapitre ; vous savez combien il me tient à cœur : et je puis vous assurer que plus je vais en avant, plus je trouve qu'il n'y a rien de si doux au monde que le repos de la conscience, et de regarder Dieu comme un père qui ne nous manquera pas dans nos besoins. M. Despréaux, que vous aimez tant, est plus que jamais dans ces sentiments, sur-tout depuis qu'il a fait son *Amour de Dieu* ; et je puis vous assurer qu'il est très bien persuadé lui-même des vérités dont il a voulu persuader les autres. Vous trouvez quelquefois mes lettres trop courtes ; mais je crains bien que vous ne trouviez celle-ci trop longue.

LETTRE XXXV.

Paris, 24 juillet 1698.

Monsieur de Bonnac vous dira de nos nouvelles, nous ayant fait l'honneur de nous voir souvent, et même de dîner quelquefois avec la petite famille. Il vous pourra dire qu'elle est fort gaie, à la réserve de votre sœur, qui est toujours accablée de ses migraines. Je la plains bien d'y être si sujette ; cela est cause de l'irrésolution où elle est sur l'état qu'elle doit embrasser. Je fais mon possible pour la réjouir ; mais nous menons une vie si retirée qu'elle ne peut guère trouver de divertissements avec nous. Elle prétend qu'elle ne se soucie point de voir le monde; et elle n'a guère d'autre plaisir que dans la lecture, n'étant que fort peu sensible à tout le reste. Le temps de la profession de Nanette s'avance, et elle a grande impatience qu'il arrive. Babet témoigne la même envie; mais nous avons résolu de ne la plus laisser qu'un an au couvent; après quoi nous la reprendrons avec nous pour bien examiner sa vocation. Fanchon veut aller trouver sa sœur Nanette, et ne parle d'autre chose. Sa petite sœur n'a pas les mêmes impatiences de nous quitter, et me paroît avoir beaucoup de goût pour le monde : elle raisonne sur toutes choses avec un esprit qui vous surprendroit, et est fort railleuse, de quoi je lui fais souvent la guerre. Je prétends mettre votre petit frère l'année qui vient avec M. Rollin, à qui M. l'archevêque a confié les petits MM. de Noailles. M. Rollin a pris un logement au collège de Laon, dans le pays latin. Notre voisin y vouloit aussi mettre son fils; mais on a trouvé le petit garçon trop éveillé, de quoi le père est fort offensé.

Tous nos confrères les ordinaires du roi me demandent souvent de vos nouvelles, aussi-bien que plusieurs officiers des gardes. Il n'y a que M. B. qui me paroît fort majestueux : je ne sais si c'est par indifférence ou par timidité.

M. de Bonnac vous dira combien M. Despréaux lui témoigna d'amitié pour vous. Il est heureux comme un roi dans sa solitude, ou plutôt dans son hôtellerie d'Auteuil : je l'appelle ainsi parcequ'il n'y a point de jour où il n'y ait quelque nouvel écot, et souvent on ne se connoît pas les uns les autres. Il est heureux de s'accommoder ainsi de tout le monde : pour moi j'aurois cent fois vendu la maison.

Pour nouvelles académiques, je vous dirai que le pauvre M. Boyer est mort âgé de 83 ou 84 ans[1]. On prétend qu'il a fait plus de vingt mille vers en sa vie : je le crois parcequ'il ne faisoit autre chose. Si c'étoit la mode de brûler les morts comme parmi les Romains, on auroit pu lui faire les mêmes funérailles qu'à ce Cassius, à qui il ne fallut d'autre bûcher que ses propres ouvrages, dont on fit un fort beau feu. Le pauvre M. Boyer est mort fort chrétiennement : sur quoi je vous dirai en passant que je dois réparation à la mémoire de la Chammeslé, qui mourut avec d'assez bons sentiments, après avoir renoncé à la comédie, très repentante de sa vie passée, mais sur-tout fort affligée de mourir : du moins M. Despréaux me l'a dit ainsi, l'ayant appris du curé d'Auteuil qui l'assista à la mort ; car elle est morte à Auteuil. Je crois que M. l'abbé Genest aura la place de M. Boyer. Il ne fait pas tant de vers que lui, mais il les fait beaucoup meilleurs.

Je ne crois pas que je fasse le voyage de Compiègne, ayant vu assez de troupes et de campements

---

[1] M. Boyer mourut en 1698.

en ma vie pour n'être pas tenté d'aller voir celui-là. Je me réserverai pour le voyage de Fontainebleau, et me reposerai dans ma famille, où je me plais plus que je n'ai jamais fait. M. de Torcy me paroît plein de bonté pour vous, et je suis persuadé qu'il vous en donnera des marques. M. de Noailles sera ravi aussi de s'employer pour vous dans les occasions; et vous jugez bien que je ne négligerai point ces occasions, n'y ayant plus rien qui me retienne à la cour que l'envie de vous mettre en état de n'y avoir plus besoin de moi. Votre mère, qui a vu la lettre que votre sœur vous écrit, dit qu'elle vous y parle des affaires de votre conscience : vous pouvez compter qu'elle l'a fait de son chef.

M. de Bonnac a bien voulu se charger pour vous de trente louis neufs, valant quatre cent vingt livres. Je voulois en donner quarante, sur la grande idée qu'il nous a donnée de votre économie, mais votre mère a modéré la somme et a cru que c'étoit assez de trente. Nous avons résolu de donner quatre mille livres à votre sœur qui se fait religieuse, avec une pension de deux cents livres. Elle n'en sait encore rien, ni son couvent non plus : mais M. l'archevêque de Sens, à qui j'en ai fait confidence, a dit que cela étoit magnifique, et m'a répondu qu'on seroit content de moi : il s'opposeroit même si je donnois davantage.

Ma santé est assez bonne, Dieu merci ; mais les chaleurs m'ont jeté dans de grands abattements, et je sens bien que le temps approche où il faut songer à la retraite; mais je vous ai tant prêché dans ma dernière lettre que je crains de recommencer dans celle-ci. Vous trouverez donc bon que je la finisse en vous disant que je suis très content de vous. Si j'ai quelque chose à vous recommander particulièrement, c'est de faire tout de votre mieux pour vous rendre agréable à M. l'ambassadeur, et pour contribuer à son soulagement dans les momens où il est accablé de travail. Je mettrai sur mon compte toutes les complaisances que vous aurez pour lui ; et je vous exhorte à avoir pour lui le même attachement que vous auriez pour moi, avec cette différence qu'il y a mille fois plus à profiter et à apprendre avec lui qu'avec moi.

J'ai reconnu en vous une qualité que j'estime fort , c'est que vous entendez très bien raillerie quand d'autres que moi vous font la guerre sur vos petits défauts: mais ce n'est pas assez de souffrir en galant homme les petites plaisanteries, il faut les mettre à profit. Si j'osois vous citer mon exemple, je vous dirois qu'une des choses qui m'a fait le plus de bien, c'est d'avoir passé ma jeunesse avec une société de gens qui se disoient assez volontiers leurs vérités et qui ne s'épargnoient guère les uns les autres sur leurs défauts; et j'avois assez de soin de me corriger de ceux que l'on trouvoit en moi, qui étoient en fort grand nombre, et qui auroient pu me rendre assez difficile pour le commerce du monde.

J'oubliois de vous dire que j'appréhende que

vous ne soyez un trop grand acheteur de livres. Outre que la multitude ne sert qu'à dissiper et à faire voltiger de connoissances en connoissances souvent assez inutiles, vous prendriez même l'habitude de vous laisser tenter de tout ce que vous trouveriez. Je me souviens d'un passage des Offices de Cicéron, que M. Nicole me citoit souvent pour me détourner de la fantaisie d'acheter des livres, *Non esse emacem, vectigal est.* C'est un grand revenu que de n'aimer point à acheter : mais le mot d'*emacem* est très beau et a un grand sens.

Je m'imagine que vous ouvrirez de fort grands yeux quand vous verrez pour la première fois le roi d'Angleterre. Je sais combien les hommes fameux excitent votre attention et votre curiosité. Je m'attends que vous me rendrez compte de ce que vous aurez vu.

Je reçois la lettre où vous me mandez l'accident qui vous est arrivé. Vous avez beaucoup à remercier Dieu d'en être échappé à si bon marché : mais en même temps cet accident doit vous faire souvenir de deux choses; l'une, d'être plus circonspect que vous n'êtes, d'autant plus qu'ayant la vue fort basse vous êtes plus obligé qu'un autre à ne rien faire avec précipitation; et l'autre, qu'il faut être toujours en état de n'être point surpris parmi tous les accidents qui nous peuvent arriver quand nous y pensons le moins.

Votre mère vient de Saint-Sulpice, où elle a

rendu le pain bénit : si vous n'étiez pas si loin, elle vous auroit envoyé de la brioche.

LETTRE XXXVI.

Paris, 1 août 1698.

La dernière lettre que je vous ai écrite étoit si longue que vous ne trouverez pas mauvais que celle-ci soit fort courte. Il ne s'est rien passé de nouveau que la querelle que M. le Grand-Prieur a voulu avoir avec M. le prince de Conti à Meudon. Il s'est tenu offensé de quelques paroles très peu offensantes que M. le prince de Conti avoit dites ; et le lendemain, sans qu'il fût question de rien, il l'est venu aborder dans la cour de Meudon, le chapeau sur la tête et enfoncé jusqu'aux yeux, comme s'il vouloit tirer raison de lui. M. le prince de Conti lui fit souvenir du respect qu'il lui devoit. M. le Grand-Prieur lui répondit qu'il ne lui en devoit point. M. le prince de Conti lui parla avec toute la hauteur et en même temps avec toute la sagesse dont il est capable. Comme il y avoit du monde, cela n'eut point d'autre suite ; mais Monseigneur, qui sut la chose un moment après, et qui se sentit irrité contre M. le Grand-Prieur, envoya M. le marquis de Gêvres pour en donner avis au roi ; et le roi sur-le-champ envoya chercher M. de Pontchartrain, à qui il donna ses ordres pour envoyer M. le Grand-

Prieur à la Bastille. Tout le monde loue M. le prince de Conti.

Votre mère et toute la petite famille vous font des compliments. Votre sœur demande conseil à tous ses directeurs sur le parti qu'elle doit prendre, ou du monde, ou de la religion; mais vous jugez bien que quand on demande de semblables conseils on est déjà déterminé. Nous cherchons sérieusement, votre mère et moi, à la bien établir. Elle se conduit avec nous avec beaucoup de douceur et de modestie.

J'ai résolu de ne point aller à Compiègne [1], où je n'aurai guère le temps de faire ma cour; le roi sera toujours à cheval, et je n'y serois jamais. M. le comte d'Ayen est pourtant bien fâché que je n'aille pas voir son régiment, qui sera magnifique. Adieu.

LETTRE XXXVII.

COMMENCÉE

PAR MADAME RACINE.

Paris, 10 août 1698.

Votre père étant un peu incommodé, je vous écris, mon cher fils, pour vous témoigner la joie

---

[1] Le camp de Compiègne en 1698.

que nous avons de l'application qu'il nous semble que vous donnez au travail. Soyez persuadé que vous ne sauriez nous faire plus de plaisir que de vous remplir l'esprit de choses propres à vous faire bien exercer votre charge. Je ne puis assez vous témoigner combien je suis sensible à toutes les bontés que M. l'ambassadeur a pour vous. Vous me manderez à votre loisir le prix de la toile et de la dentelle que vous avez achetées pour vos chemises. Votre petit frère vous fait bien des complimens : le pauvre petit nous promet bien qu'il n'ira pas à la comédie comme vous. Dans la lettre que vous m'avez écrite vous me demandez de prier Dieu pour vous ; si mes prières étoient exaucées, vous seriez bientôt un parfait chrétien, puisque je ne souhaite rien avec plus d'ardeur que votre salut : mais songez, mon fils, que les pères et mères ont beau prier le Seigneur pour leurs enfants, si les enfants ne travaillent pas à la bonne éducation qu'on tâche de leur donner. Adieu, mon cher fils : je vous embrasse.

Ensuite est écrit de la main de Racine malade :

Je n'ajoute qu'un mot à la lettre de votre mère pour vous dire que j'approuve le conseil qu'on vous a donné d'apprendre l'allemand. J'en ai dit un mot à M. de Torcy, qui vous exhorte aussi de son côté, et qui croit que cela vous sera extrêmement utile. Tout ce que j'apprends de vous fait la plus grande consolation que je puisse avoir.

Il ne tient pas à M. de Bonnac que vous ne

passiez ici pour un fort habile homme, et vous lui avez des obligations infinies. Assurez-le de ma reconnoissance, et de l'extrême envie que j'aurois de me trouver entre lui et vous avec M. l'ambassadeur. Je crois que je profiterois moi-même beaucoup en si bonne compagnie. Adieu.

LETTRE XXXVIII.

Paris, 18 août 1698.

J'Avois résolu de vous écrire vendredi dernier; mais il se trouva que c'étoit le jour de l'Assomption, et vous savez qu'en pareils jours un père de famille comme moi est trop occupé, sur-tout le matin, pour avoir le temps d'écrire des lettres. Votre mère est fort aise que vous soyez content de la veste qu'elle vous a envoyée. Elle vous remercie de la bonne volonté que vous avez de lui apporter une robe, mais elle ne veut point d'étoffe d'or. Elle vient d'apprendre que votre sœur qui est à Melun avoit une grosse fièvre, et elle est résolue d'y aller. Vous voyez qu'avec une si grosse famille on n'est pas sans embarras, et qu'on n'a pas trop le temps de respirer, une affaire succédant presque toujours à une autre, sans compter la douleur de voir souffrir les personnes qu'on aime.

Je suis bien flatté du bon accueil que vous a

fait le roi d'Angleterre. Je suis fort obligé à M. l'ambassadeur, et de vous avoir attiré ce bon traitement, et d'en avoir bien voulu rendre compte au roi. M. de Torcy m'a promis de se servir de cette occasion pour vous rendre de bons offices. M. Despréaux est fort content de tout ce que vous écrivez du roi d'Angleterre. Vous voulez bien que je vous dise en passant que quand je lui lis quelqu'une de vos lettres, j'ai soin d'en retrancher les mots d'*ici*, de *là* et de *ci*, que vous répétez jusqu'à sept ou huit fois dans une même page ; ce sont de petites négligences qu'il est fort aisé d'éviter : du reste nous sommes très contents de la manière naturelle dont vous écrivez. M. de Torcy m'a montré le livre du *pur Amour* que M. l'ambassadeur lui a envoyé, mais il n'a pu me le prêter. Cette affaire va toujours fort lentement à Rome.

M. de Bonnac est trop bon d'être si content de vous : j'aurois bien voulu faire mieux pour lui témoigner toute l'estime que j'ai pour lui, laquelle est fort augmentée depuis que j'ai eu l'honneur de l'entretenir à fond, et que j'ai découvert non seulement toute la netteté et la solidité de son esprit, mais encore la bonté de son cœur et la sensibilité qu'il a pour ses amis.

Vous ne m'avez rien mandé de M. de Tallard : comment est-on content de lui ? On m'a dit qu'il logeroit à Utrecht pendant que le roi d'Angleterre sera à Loo. Faites bien des amitiés au fils de milord Montaigu. Je vous conseille aussi d'écrire au milord son père.

LETTRE XXXIX.

Paris, 12 septembre 1698.

Je ne vous écris qu'un mot pour vous dire seulement des nouvelles de ma santé et de toute la famille. J'ai été encore incommodé, mais j'ai tout sujet de croire que ce n'est rien, et que les purgations emporteront toutes ces petites indispositions : le mal est qu'il me survient toujours quelque affaire qui m'ôte le loisir de penser bien sérieusement à ma santé. Votre mère revint hier de Melun, où elle a laissé votre sœur parfaitement guérie. La cérémonie de sa profession se fera vers la fin d'octobre. Nous lui donnons, avec la pension viagère de deux cents livres, cinq mille livres en argent : nous pensions n'en donner que quatre ; mais on a tant chicané qu'il nous en coûtera cinq, tant pour lui bâtir et meubler une cellule que pour d'autres petites choses, sans compter les dépenses du voyage et de la cérémonie.

Nous songeons aussi à marier votre sœur ; et si une affaire dont on nous a parlé réussit, cela pourra se faire cet hiver. Elle est fort tranquille là-dessus, et n'a ni vanité ni ambition ; et j'ai tout lieu d'être content d'elle.

J'ai pensé vous marier vous-même, sans que vous en sussiez rien, et il s'en est peu fallu que la chose n'ait été engagée; mais quand c'est venu au fait et au prendre, je n'ai point trouvé l'affaire aussi avantageuse qu'elle le paroissoit : elle pourra l'être dans vingt ans; et cependant vous auriez eu à souffrir, et vous n'auriez pas été fort à votre aise. Je n'aurois pourtant rien fait sans avoir votre approbation. Ceux de mes amis que j'ai consultés m'ont dit que c'étoit vous rompre le cou, et empêcher peut-être votre fortune que de vous marier si jeune, en vous donnant un établissement si médiocre, dont les espérances ne sont que dans vingt ans. Je ne vous aurois rien mandé de tout cela si ce n'étoit que j'ai voulu vous faire voir combien je songe à vous. Je tâcherai de faire en sorte que vous soyez content de nous, et nous vous aiderons en tout ce que nous pourrons; c'est à vous de votre côté à vous aider aussi vous-même en continuant à vous appliquer. Je vous manderai une autre fois, pour vous divertir, le détail de l'affaire. Tout ce que je vous puis dire, c'est que vous ne connoissez pas la personne dont il s'agissoit, et que vous ne l'avez jamais vue : c'est même une des raisons qui m'a fait aller bride en main, puisqu'il est juste que votre goût soit aussi consulté. J'ai été témoin dans tout cela de l'extrême amitié que votre mère a pour vous, et vous ne sauriez en avoir trop de reconnoissance.

Vous n'êtes pas le seul à qui il arrive des malheurs. Votre mère et votre sœur me vinrent chercher, il y a huit jours, à Auteuil, où j'avois dîné. Un orage épouvantable les prit comme elles étoient sur la chaussée; la grêle, le vent et les éclairs firent une telle peur aux chevaux que le cocher n'en étoit plus maître. Votre sœur, qui se crut perdue, ouvrit la portière, et se jeta à bas sans savoir ce qu'elle faisoit; le vent et la grêle la jetèrent par terre, et la firent si bien rouler, qu'elle alloit tomber à bas de la chaussée, sans mon laquais qui courut après et la retint. On la remit dans le carrosse toute trempée et tout effrayée: elle arriva à Auteuil dans ce bel état. M. Despréaux fit allumer un grand feu : on lui trouva une chemise et un habit. Nous la ramenâmes à la lueur des éclairs, malgré M. Despréaux qui vouloit la retenir; elle se mit au lit en arrivant, y dormit douze heures : il a fallu lui acheter d'autres jupes; et c'est là tout le plus grand malheur de son aventure. Adieu, mon cher fils.

LETTRE XL.

Paris, 19 septembre 1698.

J'ai enfin rompu entièrement, avec l'avis de mes meilleurs amis, le mariage qu'on m'avoit proposé pour vous. Vous auriez eu quatre mille livres de rente, et autant à espérer après la mort du beau-père et de la belle-mère ; mais ils sont encore jeunes, tous deux peuvent vivre au moins une vingtaine d'années, et même l'un et l'autre pourroient se remarier : ainsi vous couriez risque de n'avoir très long-temps que quatre mille livres, chargé peut-être de huit ou dix enfants avant que vous eussiez trente ans. Vous n'auriez pu avoir équipage, les habits et la nourriture auroient tout absorbé : cela vous détourneroit des espérances que vous pourrez justement avoir par votre travail et par l'amitié dont M. de Torcy, et M. l'ambassadeur vous honorent. Ajoutez à cela l'humeur de la fille, qu'on dit qui aime le faste, le monde, et tous les divertissements du monde, et qui vous auroit peut-être mis au désespoir par beaucoup de contrariétés. Tout ce que je puis vous dire, c'est que des personnes fort raisonnables, et qui vous aiment, nous ont embrassés très cordialement, ma femme et moi, quand elles ont su que je m'étois débarrassé de cette affaire. J'ai tout lieu de croire qu'en vous faisant part du peu de bien et du revenu que Dieu nous a donné, vous serez cent fois plus heureux et plus en état de vous avancer. Je ne vous nomme point les personnes qui m'avoient fait cette proposition, je vous prie même de ne les point deviner : je ne dois jamais manquer de reconnoissance pour la bonne volonté qu'ils m'ont témoignée en cette occasion. Votre mère a été dans tous les mêmes sentiments que moi ; elle doutoit même que vous eussiez voulu consentir à cette affaire, parcequ'elle vous a souvent entendu dire que vous vouliez travailler à votre fortune avant que de songer à vous marier. Soyez bien persuadé que nous ne vous laisserons manquer de rien, et que je suis dans la disposition de faire pour vous garçon les mêmes choses que je prétendois faire en vous mariant : ainsi abandonnez-vous à Dieu premièrement, à qui je vous exhorte de vous attacher plus que jamais ; et après lui reposez-vous sur l'amitié que nous avons pour vous, qui augmente tous les jours beaucoup par la persuasion où nous sommes de vos bonnes inclinations et de l'envie que vous avez de vous occuper et de vivre en honnête homme.

Votre mère mena hier à la foire toute la petite famille. Le petit Lionval eut belle peur de l'éléphant, et fit des cris effroyables quand il le vit qui mettoit sa trompe dans la poche du laquais qui le tenoit par la main. Les petites filles ont été plus hardies, et sont revenues chargées de poupées dont elles sont charmées. Je ne suis pas entièrement hors de mes maux ; cependant je diffère toujours à me purger.

Je ne sais point ce que c'est que cette histoire du jansénisme qu'on imprime en Hollande ; vous ne me mandez pas si c'est pour ou contre ; mais je vous conseille de ne témoigner aucune curiosité là-dessus, afin qu'on ne puisse vous nommer en rien.

Vous voulez bien que je vous fasse une petite critique sur un mot de votre lettre : *Il en a agi avec politesse;* il faut dire, *il en a usé.* On ne dit point *il en a bien agi,* et c'est une mauvaise façon de parler.

LETTRE XLI.

Paris, 31 septembre 1698.

J'avois déjà vu dans la gazette toutes les magnificences de l'entrée de M. l'ambassadeur, et je n'ai pas laissé de prendre un grand plaisir au récit que vous en avez fait. J'avois commencé cette lettre dans le dessein de la faire longue; mais je suis obligé de me mettre dans mon lit pour prendre médecine. Je vous écrirai au long la première fois. Votre mère et tout le monde vous saluent. L'abbé Genest a été élu à l'académie [1] à la place de Boyer. Votre cousin l'abbé du Pin a eu des voix pour lui, et pourra l'être une autre fois, de quoi il a grande envie. J'ai donné ma voix à l'abbé Genest à qui je m'étois engagé.

---

[1] L'abbé Genest fut élu à l'académie françoise en 1698 à la place de Boyer.

LETTRE XLII.

Paris, 8 octobre 1698.

J'ai la tête si épuisée de tout le sang qu'on m'a tiré depuis cinq ou six jours, que je laisse à ma femme le soin de vous écrire de mes nouvelles. Ne soyez cependant en aucune inquiétude sur ma santé; elle est, Dieu merci, beaucoup meilleure, et j'espère être en état d'aller dans huit jours à Fontainebleau. Vous savez ma sincérité, et d'ailleurs je n'ai aucune raison de vous déguiser l'état où je suis. Soyez tranquille, et songez un peu au bon Dieu.

Ensuite est écrit de la main de sa femme :

J'ai pris la plume à votre père; il est dans son lit : il a seulement voulu commencer cette lettre, afin que vous ne vous figurassiez pas qu'il est plus mal qu'il n'est. Il a eu une fièvre continue, et on a été obligé de le saigner deux fois : il a eu une bonne nuit, et il est ce matin sans fièvre; il ne lui reste plus qu'une douleur dans le côté droit quand on y touche ou qu'il s'agite. Il est fort content de vos réflexions au sujet de l'établissement que nous avons été sur le point de vous donner. Il nous a paru cependant que le bien que cette fille vous apportoit avoit fait un peu trop d'impression sur votre esprit, et que vous n'aviez pas assez pensé sur ce que votre père vous avoit mandé de l'humeur de la personne dont il s'agissoit. Je vois bien, mon fils, que vous ne savez pas de quelle importance cela est pour le repos de la vie : c'est pourtant ce qui nous a fait rompre. Ne croyez point que nous ayons appréhendé de nous incommoder; cela ne nous est pas tombé dans l'esprit ; et d'ailleurs il ne nous en coûtoit guère plus qu'il nous en coûtera pour vous faire subsister. Votre père est si content de vous, qu'il fera toutes choses afin que vous soyez honnête homme, et que vous viviez d'une manière qui réponde à l'éducation que nous avons tâché de vous donner.

Votre père est bien fâché de la nécessité où vous nous marquez être de prendre la perruque ; il souhaiteroit que vous pussiez garder vos cheveux ; mais il remet cette affaire au conseil que vous donnera M. l'ambassadeur, et s'il le faut il enverra chercher, quand il se portera bien, un habile perruquier. J'espère qu'il sera en état de vous écrire au premier ordinaire. Adieu, mon fils : songez à Dieu et à gagner le ciel.

LETTRE XLIII.

COMMENCÉE

PAR MADAME RACINE.

Paris, 16 octobre 1698.

Votre père et moi sommes en peine de votre santé. Depuis plusieurs jours nous n'avons point reçu de vos nouvelles. Il croit quelquefois que vous avez pris le parti de venir faire ici un tour : il auroit bien de la joie de vous voir ; mais il seroit fâché que vous eussiez pris cette résolution sur la lettre que je vous ai écrite, puisque les médecins le croient sans péril ; ils disent seulement que sa maladie pourra être longue. Il conserve toujours une petite fièvre ; mais la douleur de côté est beaucoup diminuée. Nous avons passé aujourd'hui une partie de l'après-dînée sur la terrasse à nous promener ; ainsi vous voyez qu'il est en meilleure disposition. Pour le voyage de Fontainebleau il n'y faut plus songer. La profession de votre sœur nous embarrasse ; mais il faudra bien qu'elle souffre avec patience ce retardement.

Ensuite est écrit de la main de Racine :

Je me porte beaucoup mieux, Dieu merci. J'espère vous écrire par le premier ordinaire une longue lettre qui vous dédommagera de toutes celles que je ne vous ai point écrites. Je suis fort surpris de votre silence et de celui de M. l'ambassadeur : peu s'en faut que je ne vous croie tous plus malades que je ne l'ai été. Adieu, mon cher fils : je suis tout à vous.

LETTRE XLIV.

COMMENCÉE

PAR MADAME RACINE.

Paris, 20 octobre 1698.

JE vous écris, mon cher fils, auprès de votre père, qui le vouloit faire lui-même : je l'en ai empêché, parcequ'il est fort fatigué de l'émétique qu'on lui a fait prendre, et qui a eu tout le succès qu'on en pouvoit espérer ; de manière que les médecins disent qu'il n'y a plus qu'à se tenir en repos, n'ayant plus rien à craindre. N'ayez point d'inquiétude sur lui ; la sienne est que vous ne preniez quelque parti précipité qui vous détourneroit de vos occupations, et ne lui seroit d'aucun soulagement : il espère vous écrire vendredi. On lui conseille de prendre ici les eaux de St.-Amand, en attendant qu'il puisse au printemps les aller prendre sur les lieux ; et si M. l'ambassadeur venoit aussi les prendre, il vous amèneroit. M. Finot dit qu'il connoît le tempérament de M. de Bonrepaux, et qu'il a mal fait d'aller prendre les eaux d'Aix-la-Chapelle ; que celles de Saint-Amand lui conviennent : il doit en écrire à M. Fagon.

Ensuite est écrit de la main de Racine :

J'embrasse de tout mon cœur M. l'ambassadeur. Quoiqu'il ne soit nullement nécessaire que vous me veniez voir ; si néanmoins M. l'ambassadeur avoit quelque dépêche un peu importante à faire porter au roi, il se pourroit faire que M. l'ambassadeur tourneroit la chose d'une telle manière que sa majesté ne trouveroit pas hors de raison qu'il vous en eût chargé ; dites-lui seulement ce que je vous mande, et laissez-le faire. Adieu, mon cher fils. J'ai bien songé à vous, et suis fort aise que nous soyons encore en état de nous voir, s'il plaît à Dieu.

Puis de la main de sa femme :

Ne vous étonnez pas si l'écriture de votre père n'est pas bonne ; il est dans son lit : sans cela il écriroit à l'ordinaire. Adieu.

LETTRE XLV.

Paris, 24 octobre 1698.

Enfin, mon cher fils, je suis, Dieu merci, absolument sans fièvre. J'espère que je n'ai plus qu'une médecine à essuyer. J'ai pourtant la tête encore bien foible : la saison n'est pas fort propre pour les convalescents, et ils ont d'ordinaire beaucoup de peine en ces temps-ci à se rétablir. Ma maladie a été considérable ; mais vous pouvez compter que je ne vous ai point trompé, et que lorsque je vous ai mandé qu'elle étoit sans péril, c'est qu'on me l'assuroit en effet. Je suis fort aise que vous ne soyez point venu ; votre voyage auroit été fort inutile, vous auroit coûté beaucoup, et vous auroit détourné du train où vous êtes de vous occuper sous les yeux de M. l'ambassadeur. Je souhaiterois de bon cœur que sa santé fût aussitôt rétablie que la mienne. J'espère que nous pourrons nous trouver lui et moi à Saint-Amand le printemps prochain : car on a en tête que ces eaux-là me sont très bonnes aussi-bien qu'à lui.

La profession de votre sœur a été retardée, de quoi elle a été fort affligée ; elle a mieux aimé pourtant retarder, et que je fusse en état d'y assister. Je lui ai mandé que ce seroit pour la première semaine du mois de novembre. Je serai alors si près de Fontainebleau [1], que d'autres que moi seroient peut-être tentés d'y aller ; mais j'assisterai seulement à la profession de votre sœur, et je reviendrai coucher le lendemain à Paris.

Votre mère est en bonne santé, Dieu merci, quoiqu'elle ait pris bien de la peine après moi pendant ma maladie : il n'y eut jamais de garde si

---

[1] Elle faisoit profession chez les ursulines de Melun.

vigilante ni si adroite, avec cette différence que tout ce qu'elle faisoit partoit du fond du cœur, et faisoit toute ma consolation. C'en est une fort grande pour moi que vous connoissiez tout le mérite d'une si bonne mère : et je suis persuadé que quand je ne serai plus, elle retrouvera en vous toute l'amitié et toute la reconnoissance qu'elle trouve maintenant en moi. M. de Valincour et M. l'abbé Renaudot m'ont tenu la meilleure compagnie du monde : je vous les nomme entre autres parcequ'ils n'ont presque bougé de ma chambre. M. Despréaux ne m'a point abandonné dans les grands périls ; mais quand l'occasion a été moins vive il a été bien vite retrouver son cher Auteuil ; et j'ai trouvé cela très raisonnable, n'étant pas juste qu'il perdît la belle saison autour d'un convalescent qui n'avoit pas même la voix assez forte pour l'entretenir long-temps : du reste il n'y a pas un meilleur ami ni un meilleur homme au monde. Faites mille compliments pour moi à M. l'ambassadeur et à M. de Bonnac. Je leur suis bien obligé de l'intérêt qu'ils ont pris à ma maladie. Je suis aussi fort touché de toutes les inquiétudes qu'elle vous a causées, et cela ne contribue pas peu à augmenter la tendresse que j'ai eue pour vous toute ma vie. Je vous manderai une autre fois des nouvelles.

LETTRE XLVI.

Paris, 30 octobre 1698.

Vous pouvez vous assurer, mon cher fils, que ma santé est, Dieu merci, en train de se rétablir entièrement : j'ai été purgé pour la dernière fois, et mes médecins ont pris congé de moi en me recommandant néanmoins une très grande diète pendant quelque temps, et beaucoup de règle dans mes repas pour toute ma vie, ce qui ne me sera pas fort difficile à observer : je ne crains que les tables de la cour; mais je suis trop heureux d'avoir un prétexte d'éviter les grands repas, auxquels aussi-bien je ne prends pas un fort grand plaisir. J'ai résolu même d'être à Paris le plus souvent que je pourrai, non seulement pour y avoir soin de ma santé, mais pour n'être point dans cette horrible dissipation où l'on ne peut éviter d'être à la cour. Nous partirons mardi prochain pour la profession de ma chère fille, que je ne veux pas faire languir davantage. M. l'archevêque de Sens veut absolument faire la cérémonie : j'aurois bien autant aimé qu'il eût donné cette commission à un autre, cela nous auroit épargné bien de l'embarras et de la dépense. M. l'abbé Boileau a voulu aussi, malgré toutes mes instances, y venir prêcher, et cela avec toute l'amitié possible.

Nous allâmes l'autre jour dîner à Auteuil avec

toute la petite famille, que M. Despréaux régala
le mieux du monde. Ensuite il mena Lionval et
Madelon dans le bois de Boulogne, badinant avec
eux, et leur disant qu'il vouloit les mener perdre :
il n'entendoit pas un mot de tout ce que ces pauvres enfants lui disoient ; c'est le meilleur homme
du monde.

M. Hessein a un procès assez bizarre contre un
conseiller de la cour des aides, dont les chevaux
ayant pris le frein aux dents, vinrent donner tête
baissée dans son carrosse qui marchoit fort paisiblement. Le choc fut si violent que le timon du
conseiller entra dans le poitrail d'un des chevaux
de M. Hessein, et le perça de part en part, en telle
sorte que le pauvre cheval mourut au bout d'une
heure. Il a fait assigner le conseiller, et ne doute
pas qu'il ne le fasse condamner à payer son cheval.
Faites part de cette aventure à M. l'ambassadeur ;
mais qu'il se garde bien d'en plaisanter dans quelque lettre avec M. Hessein, car il prend la chose
fort tragiquement.

LETTRE XLVII.

Paris, 10 novembre 1698.

J'ARRIVE de Melun fort fatigué. J'avois cru que
l'air me fortifieroit, mais je crois que l'ébranlement
du carrosse m'a beaucoup incommodé. Je ne laisse

pourtant pas d'aller et de venir, et les médecins m'assurent que tout ira bien pourvu que je sois exact à la diète qu'ils m'ont ordonnée; et je l'observe avec une attention incroyable. Je voudrois avoir le temps aujourd'hui de vous rendre compte du détail de la profession de votre sœur; mais sans la flatter vous pouvez compter que c'est un ange. Son esprit et son jugement sont extrêmement formés; elle a une mémoire prodigieuse, et aime passionnément les bons livres : mais ce qui est de plus charmant en elle, c'est une douceur et une égalité d'esprit merveilleuses. Votre mère et votre sœur aînée ont extrêmement pleuré; et pour moi je n'ai cessé de sangloter : je crois même que cela n'a pas peu contribué à déranger ma foible santé. Ne vous chagrinez pas si je ne vous écris pas davantage; j'ai bien des choses à faire, et en vérité je ne suis guère en état de songer à mes affaires les plus pressées. Votre mère et toute la famille vous embrassent. C'est à pareil jour que demain que vous fûtes baptisé, et que vous fîtes un serment solennel à Jésus-Christ de le servir de tout votre cœur.

LETTRE XLVIII.

Paris, 17 novembre 1698.

Je crois qu'il n'est pas besoin que j'écrive à M. l'ambassadeur pour lui témoigner l'extrême plaisir que je me fais d'avoir bientôt l'honneur de le voir. Ma joie sera complète puisqu'il a la bonté de vous amener avec lui. Dites-lui qu'il me feroit le plus sensible plaisir du monde si, dans le peu de séjour qu'il fera à Paris, il vouloit loger chez moi; nous trouverons moyen de le mettre fort tranquillement et fort commodément, et du moins je ne perdrai pas un seul des moments que je pourrai le voir et l'entretenir. Vous ne me trouverez point encore parfaitement rétabli à cause d'une dureté qui m'est restée au foie; mais les médecins m'assurent que je ne dois pas m'en inquiéter, et qu'en observant une diète fort exacte cela se dissipera peu à peu. Comme je ne suis guère en état de faire de longs voyages à la cour, vous viendrez fort à propos pour me tenir compagnie: je ne vous empêcherai pourtant pas d'aller faire votre cour. Je n'avois pas besoin de l'exemple de madame la comtesse d'Auvergne pour me modérer sur le thé; j'en use sobrement; ainsi ne m'en apportez pas.

Si M. l'ambassadeur fait quelque cas de ces mémoires dont vous parlez sur la paix de Ryswick.

vous pouvez les acheter. Si j'étois assez heureux pour le voir et l'entretenir souvent, je n'aurois pas grand besoin d'autres mémoires pour l'histoire du roi : il la sait mieux que tous les ambassadeurs et tous les ministres ensemble ; et je fais un grand fond sur les instructions qu'il a promis de me donner. Je ne crois point aller à Versailles avant le voyage de Marly: j'ai besoin de me ménager encore quelque temps afin d'y faire un plus long séjour. Adieu, mon cher fils. Toute la famille est dans la joie depuis qu'elle sait qu'elle vous reverra bientôt. Tâchez, au nom de Dieu, d'obtenir de M. l'ambassadeur qu'il vienne descendre au logis.

FIN DES LETTRES DE RACINE A SON FILS.

LETTRES
DE
JEAN RACINE
A DIFFÉRENTES PERSONNES.

LETTRE PREMIÈRE.
A SA FEMME. [1]

Cateau-Cambresis, le jour de l'Ascension 1693.

J'AVOIS commencé à vous écrire hier au soir à Saint-Quentin; mais je fus averti que la poste étoit partie dès midi: ainsi je n'achevai point. Je viens de recevoir vos lettres, qui m'ont fait un fort grand plaisir. Je me porte bien, Dieu merci.

Les garçons de M. Roche m'ont piqué mon petit cheval en deux endroits en le ferrant, dont je suis fort en colère contre eux, et avec raison. Heureusement M. de Cavoie mène avec lui un maréchal, qui en a pris soin; et on m'assure que ce ne sera rien.

Nous allons demain au Quesnoi, où on laissera

---

[1] C'est la seule lettre conservée de toutes celles que Racine lui a écrites. Comme il n'avoit rien de caché pour elle, il ne vouloit pas apparemment qu'elle gardât ses lettres.

les dames au camp près de Mons[1]. L'herbe est bien courte, et je crois que les chevaux ne trouveront pas beaucoup de fourrage. Le bled est fort renchéri. Votre fermier sera riche, et devroit bien vous donner de l'argent, puisque vous ne l'avez point pressé de vendre son bled lorsqu'il étoit à bon marché.

Le roi eut hier des nouvelles de sa flotte ; elle étoit sortie de Brest du 9 mai. On la croit maintenant à la Hogue en Normandie, et le roi d'Angleterre embarqué.

On mande de Hollande que le prince d'Orange voit bien que c'est tout de bon qu'on va faire une descente, et qu'il paroît étonné. Il a envoyé en Angleterre le comte de Portland son favori, a contremandé trois régiments prêts à s'embarquer pour la Hollande ; et on dit qu'il pourroit bien repasser lui-même en Angleterre.

M. de Bavière est fort inquiet de la maladie du prince Clément son frère, qui est, dit-on, à l'extrémité. Il le sera bien davantage dans quatre jours, lorsqu'il verra entrer dans les Pays-Bas plus de cent trente mille hommes.

Le roi est dans la meilleure santé du monde. Il a eu nouvelle aujourd'hui que M. d'Estrées avoit brûlé ou coulé à fond quatorze vaisseaux marchands anglois sur les côtes d'Espagne, et deux vaisseaux de guerre qui les escortoient. Cela le

---

[1] En 1693. Voyez ses lettres à Boileau.

console avec raison de la perte de deux vaisseaux de l'escadre du même comte d'Estrées qui ont péri par la tempête. Voilà d'heureux commencements. Il faut espérer que Dieu continuera de se déclarer pour nous. Faites part de ces nouvelles à M. Despréaux, à qui je n'ai pas le temps d'écrire aujourd'hui.

J'ai rencontré aujourd'hui M. Dodart pour la première fois : il se porte à merveille.

M. du Tartre se trémousse à son ordinaire, et a une grande épée à son côté avec un nœud magnifique : il a tout-à-fait l'air d'un capitaine. Adieu, mon cher cœur. Embrasse tes enfants pour moi ; exhorte ton fils à bien étudier et à servir Dieu. Je suis parti fort content de lui ; j'espère que je le serai encore plus à mon retour. Écris-moi souvent, ou lui. Adieu encore un coup.

LETTRE II.

DE RACINE A M. DE BONREPAUX.

Paris, 28 juillet 1693.

Mon absence hors de cette ville est cause que je ne vous ai point écrit depuis dix jours. Il s'est pourtant passé beaucoup de choses très dignes de vous être mandées. M. de Luxembourg, après avoir battu un corps de cinq mille chevaux commandé par le comte de Tilly, a mis le siège devant Huy (en 1693), dont il a pris la ville et le château en trois jours ; et de là a marché au prince d'Orange, avec lequel il est peut-être aux mains à l'heure qu'il est.

Monseigneur a passé le Rhin, et, s'étant mis à la tête d'une armée de plus de soixante-six mille hommes, a marché droit au prince de Bade, en intention de le chercher par-tout pour le combattre, et de l'attaquer même dans ses retranchements, s'il prend le parti de se retrancher. Mais ce qui a le plus réjoui tout le public, c'est la déroute de la flotte de Hollande et d'Angleterre, qui est tombée, au cap de Saint-Vincent, entre les mains de M. de Tourville (en 1693). J'entretins hier son courrier, qui est le chevalier de Saint-Pierre, frère du comte de Saint-Pierre, lequel fut cassé il y a deux ans. Je vous dirai en passant qu'on trouve que M. de Tourville a fait fort honnêtement d'envoyer dans cette occasion, le chevalier de Saint-Pierre ; et on espère que la bonne nouvelle dont il est chargé fera peut-être rétablir son frère. Quoi qu'il en soit, la flotte qu'on appelle de Smyrne a donné tout droit dans l'embuscade. Le vice-amiral Rouk, qui l'escortoit, d'aussi loin qu'il a découvert notre armée navale, a pris la fuite, et il a été impossible de le joindre. Il avoit pourtant vingt-six ou vingt-sept vaisseaux de guerre. Les pauvres marchands, se voyant abandonnés, ont fait ce qu'ils ont pu pour se sauver ; les uns se sont échoués à la côte de

Lagos, les autres sous les murailles de Cadix, et il y en a eu quelque trente-six qui ont trouvé moyen d'entrer dans le port. On leur a brûlé ou coulé à fond quarante-cinq navires marchands, et deux de guerre, et on leur a pris deux bons vaisseaux de guerre hollandois tout neufs de soixante-six pièces de canon, et vingt-cinq navires marchands, sans compter deux vaisseaux génois qui étoient chargés pour des marchands d'Amsterdam, et dont le chevalier de Saint-Pierre, qui est venu dessus jusqu'à Roses, estime la charge au moins six cent mille écus. On ne doute pas qu'une perte si considérable n'excite de grandes clameurs contre le prince d'Orange, qui avoit toujours assuré les alliés que nous ne mettrions cette année à la mer que pour nous enfuir et nous empêcher d'être brûlés. Le chevalier de Saint-Pierre a rencontré le comte d'Estrées à peu près à la hauteur de Malque, et prêt à entrer dans le détroit. Le roi a été très aise de cette nouvelle, que l'on a su d'abord par un courrier du duc de Grammont et par des lettres des marchands. On parle fort ici des mouvements qui se font au pays où vous êtes, et il paroît qu'on est fort content par avance. Nous soupâmes hier, M. de Cavoie et moi, chez M., etc.

LETTRE III.[1]

A M. LE PRINCE.

Monseigneur,

C'est avec une extrême reconnoissance que j'ai reçu encore au commencement de cette année la grace que votre altesse sérénissime m'accorde si libéralement tous les ans. Cette grace m'est d'autant plus chère, que je la regarde comme une suite de la protection glorieuse dont vous m'avez honoré en tant de rencontres, et qui a toujours fait ma plus grande ambition. Aussi, en conservant précieusement les quittances du droit annuel dont vous avez bien voulu me gratifier, j'ai bien moins en vue d'assurer ma charge à mes enfants, que de leur procurer un des plus beaux titres que je leur puisse laisser, je veux dire les marques de la protection de votre altesse sérénissime. Je n'ose en

---

[1] De toutes les lettres de Racine, les deux qui sont adressées à M. le Prince sont les seules dont il a été impossible de retrouver les dates; mais cela est assez indifférent, parcequ'elles n'ont aucun rapport avec les autres lettres. On peut les regarder comme deux lettres détachées.

dire davantage ; car j'ai éprouvé plus d'une fois que les remercîments vous fatiguent presque autant que les louanges. Je suis avec un profond respect,

Monseigneur, etc.

LETTRE IV.
AU MÊME.

J'ai parcouru tout ce que les anciens auteurs ont dit de la déesse Isis, et je ne trouve point qu'elle ait été adorée en aucun pays sous la figure d'une vache, mais seulement sous la figure d'une grande femme toute couverte d'un grand voile de différentes couleurs, et ayant au front deux cornes en forme de croissant. Les uns disent que c'étoit la Lune, les autres Cérès, d'autres la Terre, et quelques autres cette même Io qui fut changée en vache par Jupiter.

Mais voici ce que je trouve du dieu Apis, qui sera, ce me semble, beaucoup plus propre à entrer dans les ornements d'une ménagerie. Ce dieu étoit, dit-on, le même qu'Osiris, c'est-à-dire, ou le mari ou le fils de la déesse Isis. Non seulement il étoit représenté par un jeune taureau, mais les Égyptiens adoroient en effet sous le nom d'Apis un jeune taureau bien buvant et bien mangeant; et ils avoient

soin d'en substituer toujours un autre en la place
de celui qui mouroit. On ne le laissoit guère vivre
que jusqu'à l'âge d'environ huit ans, après quoi
ils le noyoient dans une certaine fontaine : et alors
tout le peuple prenoit le deuil, pleurant et faisant
de grandes lamentations pour la mort de leur dieu,
jusqu'à ce qu'on l'eût retrouvé. On étoit quelquefois
assez long-temps à le chercher. Il falloit qu'il fût
noir par tout le corps, excepté une tache blanche
de figure carrée au milieu du front, et une autre
petite tache blanche au flanc droit faite en forme
de croissant. Quand les prêtres l'avoient trouvé,
ils en donnoient avis au peuple de Memphis : car
c'étoit principalement en cette ville que le dieu
Apis étoit adoré. Alors on alloit en grande cérémonie au-devant de ce nouveau dieu, et c'est cette
espèce de procession qui pourroit fournir de sujet
à un assez beau tableau.

Ces prêtres marchoient habillés de robes de lin,
ayant tous la tête rase et étant couronnés de chapeaux de fleurs, portant à la main, les uns un encensoir, les autres un sistre ; c'étoit une espèce de
tambour de Basque. Il y avoit aussi une troupe
de jeunes enfants habillés de lin, qui dansoient
et chantoient des cantiques ; grand nombre de
joueurs de flûtes, et de gens qui portoient à manger pour Apis dans des corbeilles : et de cette sorte
on amenoit le dieu jusqu'à la porte de son temple ;
ou, pour mieux dire, il y avoit deux petits temples
tout environnés de colonnes par dehors, et, aux

portes, des sphinx à la manière des Égyptiens. On le laissoit entrer dans celui de ces deux temples qu'il vouloit, et on fondoit même sur son choix de grandes conjectures ou de bonheur ou de malheur pour l'avenir. Il y avoit auprès de ces deux temples un puits d'où l'on tiroit de l'eau pour sa boisson; car on ne lui laissoit jamais boire de l'eau du Nil. On consultoit même ce plaisant dieu; et voici comme on s'y prenoit : on lui présentoit à manger; s'il en prenoit, c'étoit une réponse très favorable; s'il n'en prenoit point, c'étoit tout le contraire. On remarqua même, dit-on, qu'il refusa à manger de la main de Germanicus, et que ce prince mourut à deux mois de là.

Tous les ans on lui amenoit à certain jour une jeune génisse qui avoit aussi ses marques particulières; et cela se faisoit encore avec de grandes cérémonies.

Voilà, Monseigneur, le petit mémoire que votre altesse sérénissime me demanda il y a trois jours. Je me tiendrai infiniment glorieux toutes les fois qu'elle voudra bien m'honorer de ses ordres, et m'employer dans toutes les choses qui pourront le moins du monde contribuer à son plaisir. Je suis avec un profond respect,

de votre altesse sérénissime, etc.

LETTRE V.

A MADEMOISELLE RIVIERRE SA SOEUR.

Paris, 10 janvier 1698.

Je vous écris, ma chère sœur, pour une affaire où vous pouvez avoir intérêt aussi-bien que moi, et sur laquelle je vous supplie de m'éclaircir le plus tôt que vous pourrez. Vous savez qu'il y a un édit qui oblige tous ceux qui ont ou qui veulent avoir des armoiries sur leur vaisselle, ou ailleurs, de donner une somme qui va au plus à vingt-cinq livres et de déclarer quelles sont leurs armoiries. Je sais que celles de notre famille sont un cygne; mais je ne sais pas quelles sont les couleurs de l'écusson, et vous me ferez un grand plaisir de vous en instruire. Je crois que vous trouverez nos armes peintes aux vitres de la maison que notre grand-père fit bâtir. J'ai ouï dire aussi à mon oncle Racine qu'elles étoient peintes aux vitres de quelque église de la Ferté-Milon : tâchez de vous en éclaircir. J'attends votre réponse pour me déterminer et pour porter mon argent.

Le jeune homme qui recherche en mariage ma petite cousine M...... m'est venu trouver. Je lui ai promis de donner à ma cousine cent livres. Je lui ai dit que, dans l'état où sont présentement mes affaires, je ne pouvois donner davantage, et je lui ai dit vrai, à cause de tout l'argent que je dois encore pour ma charge. Je dois sur-tout six mille livres qui ne portent point d'intérêt; et l'honnêteté veut que je les rende le plus tôt que je pourrai, pour n'être pas à charge à mes amis. J'espère que dans un autre temps je serai moins pressé, et alors je pourrai faire encore quelque petit présent à ma cousine.

Le cousin H...... est venu ici fait comme un misérable, et a dit à ma femme, en présence de tous nos domestiques, qu'il étoit mon cousin. Vous savez comme je ne renie point mes parents, et comme je tâche à les soulager : mais j'avoue qu'il est un peu rude qu'un homme qui s'est mis en cet état par ses débauches et par sa mauvaise conduite vienne ici nous faire rougir de sa gueuserie. Je lui parlai comme il le méritoit, et lui dis que vous ne le laisseriez manquer de rien s'il en valoit la peine, mais qu'il buvoit tout ce que vous aviez la charité de lui donner. Je ne laissai pas de lui donner quelque chose pour s'en retourner. Je vous prie aussi de l'assister tout doucement, mais comme si cela venoit de vous. Je sacrifierai volontiers quelque chose par mois pour le tirer de la nécessité. Je vous recommande toujours la pauvre Marguerite, à qui je veux continuer de donner par mois comme j'ai toujours fait. Si vous croyez que l'autre parente soit aussi dans le besoin, donnez-lui par mois ce que vous jugerez à propos.

Je ne sais si je vous ai mandé que ma chère fille

aînée étoit entrée aux carmélites[1] : il m'en a coûté beaucoup de larmes ; mais elle a voulu absolument suivre la résolution qu'elle avoit prise. C'étoit de tous nos enfants celle que j'ai toujours le plus aimée, et dont je recevois le plus de consolation : il n'y avoit rien de pareil à l'amitié qu'elle me témoignoit. Je l'ai été voir plusieurs fois : elle est charmée de la vie qu'elle mène dans ce monastère, quoique cette vie soit fort austère ; et toute la maison est charmée d'elle. Elle est infiniment plus gaie qu'elle n'a jamais été. Il faut bien croire que Dieu la veut dans cette maison, puisqu'il fait qu'elle y trouve tant de plaisir. Votre petit neveu est toujours bien éveillé. Adieu, ma chère sœur : je suis entièrement à vous. Ne manquez pas de me tenir parole, et de m'employer dans toutes les choses où vous aurez besoin de moi.

---

[1] Elle y étoit entrée en l'année précédente. Voyez la lettre du 27 juin 1697 à son fils.

LETTRE VI.

A MADAME DE MAINTENON.

Marly, 4 mars 1698.

Madame,

J'avois pris le parti de vous écrire au sujet de la taxe qui a si fort dérangé mes petites affaires; mais n'étant pas content de ma lettre, j'avois simplement dressé un mémoire, dans le dessein de vous faire supplier de le présenter à sa majesté.... Voilà, madame, tout naturellement comment je me suis conduit dans cette affaire; mais j'apprends que j'en ai une autre bien plus terrible sur les bras... Je vous avoue que lorsque je faisois tant chanter dans Esther, *Rois, chassez la calomnie*, je ne m'attendois guère que je serois moi-même un jour attaqué par la calomnie. On veut me faire passer pour un homme de cabale et rebelle à l'église.

Ayez la bonté de vous souvenir, madame, combien de fois vous avez dit que la meilleure qualité que vous trouviez en moi, c'étoit une soumission d'enfant pour tout ce que l'église croit et ordonne, même dans les plus petites choses. J'ai fait par votre ordre près de trois mille vers sur des sujets de piété : j'y ai parlé assurément de toute l'abondance de mon cœur, et j'y ai mis tous les sentiments dont j'étois le plus rempli. Vous est-il jamais revenu qu'on y eût trouvé un seul endroit qui approchât de l'erreur ?...

Pour la cabale, qui est-ce qui n'en peut être accusé, si on en accuse un homme aussi dévoué au roi que je le suis, un homme qui passe sa vie à penser au roi, à s'informer des grandes actions du roi, et à inspirer aux autres les sentiments d'amour et d'admiration qu'il a pour le roi ? J'ose dire que les grands seigneurs m'ont bien plus recherché que je ne les recherchois moi-même : mais dans quelque compagnie que je me sois trouvé, Dieu m'a fait la grace de ne rougir jamais ni du roi ni de l'évangile. Il y a des témoins encore vivants qui pourroient vous dire avec quel zèle on m'a vu souvent combattre de petits chagrins qui naissent quelquefois dans l'esprit de gens que le roi a le plus comblés de ses graces. Hé quoi! madame, avec quelle conscience pourrai-je déposer à la postérité que ce grand prince n'admettoit point les faux rapports contre les personnes qui lui étoient le plus inconnues, s'il faut que je fasse moi-même une si triste expérience du contraire ?

Mais je sais ce qui a pu donner lieu à une accusation si injuste. J'ai une tante qui est supérieure de Port-Royal, et à laquelle je crois avoir des obligations infinies; c'est elle qui m'apprit à connoître Dieu dès mon enfance; et c'est elle aussi dont Dieu s'est servi pour me tirer des égaremcnts et des misères où j'ai été engagé pendant quinze années de ma vie. Elle a eu recours à moi... Pouvois-je, sans être le dernier des hommes, lui refuser mes petits secours dans cette nécessité? Mais à qui est-ce, madame, que je m'adressai pour la secourir? J'allai trouver le père de La Chaise, et lui représentai tout ce que je connoissois de l'état de cette maison. Je n'ose pas croire que je l'aie persuadé; mais il parut très content de ma franchise, et m'assura, en m'embrassant, qu'il seroit toute sa vie mon serviteur et mon ami.

Je vous puis protester devant Dieu que je ne connois ni ne fréquente aucun homme qui soit suspect de la moindre nouveauté. Je passe ma vie le plus retiré que je puis dans ma famille, et ne suis, pour ainsi dire, dans le monde, que lorsque je suis à Marly. Je vous assure, madame, que l'état où je me trouve est très digne de la compassion que je vous ai toujours vue pour les malheureux. Je suis privé de l'honneur de vous voir; je n'ose presque plus compter sur votre protection, qui est pourtant la seule que j'aie tâché de mériter. Je chercherois du moins ma consolation dans mon travail; mais jugez quelle amertume doit jeter sur ce travail la pensée que ce même grand prince dont je suis continuellement occupé me regarde peut-être comme un homme plus digne de sa colère que de ses bontés. Je suis, etc.

LETTRE VII.

A LA MÈRE SAINTE-THÈCLE-RACINE.

Paris, 11 novembre 1698.

J'AI beaucoup d'impatience, ma chère tante, d'avoir l'honneur de vous voir, pour vous dire tout le bien que j'ai vu dans ma chère enfant, que je viens de faire religieuse [1]. Je vous dirai cependant en peu de mots que je lui ai trouvé l'esprit et le jugement extrêmement formés, une piété très sincère, et sur-tout une douceur et une tranquillité d'esprit merveilleuses. C'est une grande consolation pour moi, ma chère tante, qu'au moins quelqu'un de mes enfants vous ressemble par quelque petit endroit. Je ne puis m'empêcher de vous dire un trait qui vous marquera tout ensemble et son courage et son naturel.

Elle avoit fort évité de nous regarder, sa mère et moi, pendant la cérémonie, de peur d'être attendrie du trouble où nous étions. Comme ce vint le moment où il falloit qu'elle embrassât, selon la coutume, toutes les sœurs; après qu'elle eut embrassé la supérieure, on lui fit embrasser sa mère et sa sœur aînée, qui étoient auprès d'elle

---

[1] Voyez sa lettre du 30 octobre 1698 à son fils.

fondant en larmes. Elle sentit tout son sang se troubler à cette vue : elle ne laissa pas d'achever la cérémonie avec le même air modeste et tranquille qu'elle avoit eu depuis le commencement; mais dès que tout fut fini elle se retira dans une petite chambre, où elle laissa aller le cours de ses larmes, dont elle versa un torrent au souvenir de celles de sa mère. Comme elle étoit en cet état, on lui vint dire que M. l'archevêque de Sens l'attendoit au parloir avec mes amis et moi. *Allons, allons*, dit-elle, *il n'est pas temps de pleurer*; elle s'excita même à la gaieté, et se mit à rire de sa propre foiblesse, et arriva en effet en souriant au parloir, comme si rien ne lui fût arrivé. Je vous avoue, ma chère tante, que j'ai été touché de cette fermeté, qui me paroît assez au-dessus de son âge.

Le sermon de M. l'abbé Boileau fut très beau et très plein de grandes vérités. Tout cela a fait un terrible effet sur l'esprit de ma fille aînée; et elle paroît dans une fort grande agitation, jusqu'à dire qu'elle ne sera jamais du monde; mais je n'ose guère compter sur ces sortes de mouvements, qui peuvent passer.

J'oubliois de vous dire que celle qui vient de se faire religieuse aime extrêmement la lecture, et sur-tout des bons livres, et qu'elle a une mémoire surprenante. Excusez un peu ma tendresse pour une enfant dont je n'ai jamais eu le moindre sujet de plainte, et qui s'est donnée à Dieu de si bon cœur, quoiqu'elle fût assurément la plus jolie de tous mes enfants, et celle que le monde auroit le plus attirée par ses dangereuses caresses.

Ma femme et nos petits enfants vous assurent tous de leur respect. Il m'est resté de ma maladie une dureté au côté droit, dont j'avois témoigné un peu d'inquiétude; mais M. Morin m'a assuré que ce ne seroit rien, et qu'il la feroit passer peu à peu par de petits remèdes. Du reste je suis assez bien, Dieu merci.

Je n'ai point été surpris de la mort de M. du Fossé[1], mais j'en ai été très touché : c'étoit, pour ainsi dire, le plus ancien ami que j'eusse au monde. Plût à Dieu que j'eusse mieux profité des grands exemples de piété qu'il m'a donnés ! Je vous demande pardon d'une si longue lettre, et vous prie toujours de m'assister de vos prières.

---

[1] Il mourut le 4 novembre 1698, suivant le nécrologe de Port-Royal. C'est par erreur que les continuateurs de Moréri mettent cette mort au 14.

FIN DE LA CORRESPONDANCE DE RACINE.

LETTRE

DE RACINE L'AINÉ

A LOUIS RACINE SON FRÈRE.

Paris.

J'AI lu votre ouvrage, rapidement à la vérité, et simplement pour me mettre au fait du tout ensemble. Le projet est beau, bien exécuté, et digne d'un chrétien de votre nom. J'y ai trouvé une érudition qui me fait voir que je ne suis point votre aîné en tout. Je ne vous parlerai pas de la versification ; tout le monde convient que vous savez tourner un vers; il n'y a rien que vous ne veniez à bout de dire en vers : il semble même que la sécheresse et l'aridité des sujets échauffent votre veine, et vous tiennent lieu pour ainsi dire d'Apollon. Le fond des choses me fournira peut-être plusieurs observations que je vous ferai de vive voix. Je vous dirai seulement aujourd'hui que vous insistez trop, dans votre sixième chant, sur la conformité de la morale des paiens avec celle de l'évangile. Comment ces deux lois, celle de l'évangile et la loi naturelle, ne seroient-elles pas conformes, puisqu'elles sont toutes deux l'ouvrage du même législateur ? Mais trouverez-vous dans la morale des païens l'amour de Dieu et l'amour de la croix, ce qui fait à la fois et tout le pénible et toute la beauté de la loi de l'évangile?

Je ne puis vous pardonner qu'un aussi grand homme que Socrate vous fasse pitié dans le plus bel endroit de sa vie, lorsqu'il parle de ce coq qu'on doit sacrifier pour lui à Esculape : je crains bien que vous n'ayez lu cet endroit que dans le françois de M. Dacier, et il n'est pas étonnant qu'un pareil traducteur vous ait induit en erreur. Socrate ne dit point à Criton de sacrifier un coq, mais simplement : *Criton, nous devons un coq à Esculape*, ὀφείλομεν ἀλεκτρύονα. Ne voyez-vous pas que c'est une plaisanterie, et que Platon, qui est toujours homérique, le fait mourir comme il a vécu, c'est-à-dire l'ironie à la bouche? C'étoit une façon de parler proverbiale. Quand quelqu'un étoit échappé de quelque grand danger, on lui disoit : *Oh! pour le coup, vous devez un coq à Esculape*; comme nous disons : *Vous devez une belle chandelle*, etc. Voilà tout le mystère. Socrate veut dire, *Nous devons pour le coup un beau coq à Esculape, car certainement me voilà guéri de tous mes maux* : ce qui est très conforme à l'idée qu'il avoit de la mort. Pouvez-vous croire que la dernière parole d'un homme tel que Socrate ait été une sottise? Il y a des noms si respectables, qu'on ne sauroit, pour ainsi dire, les attaquer, sans attaquer le genre humain. *Parcendum est caritati hominum*, dit si bien Cicéron. M. Despréaux, tout Despréaux qu'il étoit, essuya de la part de ses amis des critiques très amères sur ce qu'il avoit dit de Socrate dans son *équivoque*. Il s'en sauvoit en disant qu'il n'avoit pu immoler à Jésus-Christ une plus grande victime que le plus vertueux homme du paganisme.

L'intérêt que je prends à ce qui vous regarde l'emporteroit peut-être sur ma paresse, et m'engageroit à vous écrire d'autres réflexions ; mais le métier de critique est un désagréable métier, et pour celui qui le fait, et pour celui en faveur de qui on le fait. D'ailleurs je vous exhorte à chercher des censeurs plus éclairés et moins intéressés que moi.

URBIS ET RURIS DIFFERENTIA.

Quanquam Parisiæ celebrentur ab omnibus artes,
    Et quisque in lato carcere clausus ovet,
Nescio quid nostris arridet gratius arvis,
    Quod non in tantæ mœnibus urbis habet.
Illic assurgunt trabibus subnixa superbis
    Atria, et aurato culmine fulget apex:
Sed mihi dulcius est silvas habitare remotas,
    Tectaque quæ sicco stramine canna tegit.
Illic ultrices posuêre sedilia curæ;
    Illic insidiæ, crimina, furta, latent:
Hic requies, fidum pietas hic inclyta portum
    Invenit; his lucet sanctior aura locis.
Illic sæva fames laudum; hic contemptus honorum.
    Illic paupertas; hic fugiuntur opes.
Urbicolæ ruri, nil rusticus invidet urbi.
    Oppida plena dolis, ruraque fraude carent.
Quàm miserum sacris viduas virtutibus urbes,
    Quàm miserum stygiis præda manere lupis!
Sed quid non urbes habitent quoque numina, quæris?
    Non habitat fœdos gratia pura locos.
Arcet fumus apes, expellunt crimina Christum;
    Mors vitam, clarum nox fugat atra diem.
Hic blandum invitant tranquilla silentia somnum,
    Illic assiduo murmure rupta quies.
Nempè micant, inquis, diversis floribus horti,
    Et lætos cantus plurima fundit avis.
Ergo dissimulas quàm dulces ruris amœni

Deliciæ, ruris cui levis umbra placet :
Hic vos securis, musæ, regnatis in oris ;
 Hic vobis virtus jungitur alma comes.
Oppida non fugiunt, fateor, non arma camenæ ;
 Loricam Pallas induit atque togam.
At laxis vitium frenis grassatur in urbe,
 Atque illic musæ crimina sola docent.
Nequicquam pavidos circumdant mœnia reges,
 Frustrà hæret lateri, nocte dieque, manus.
Non vera his, sed falsa quies : miserosque tumultus
 Mentis non lictor, non domus ampla movet.
Quisquis amas strepitus, per me licet, urbe potire ;
 Me tamen ipsa magis rura nemusque juvant.

FIN.

TABLE

Des pièces contenues dans les deux derniers volumes des OEuvres de J. Racine.

TOME QUATRIÈME.

	Pag.
Lettre de M. Racine à l'auteur des Hérésies Imaginaires et des Visionnaires	11
Première réponse à la lettre précédente, par M. Dubois	26
Seconde réponse, par M. Barbier d'Aucourt	50
Réplique de M. Racine aux auteurs des deux réponses précédentes	74
Abrégé de l'Histoire de Port-Royal	87
Première partie	91
Seconde partie	203
Discours académiques	279
Discours prononcé à l'académie françoise, à la réception de M. l'abbé Colbert, le 30 octobre 1678	285
Discours prononcé à l'académie françoise, à la réception de MM. T. Corneille et Bergeret, le 2 janvier 1685	290
Extrait du Traité de Lucien, intitulé *Comment il faut écrire l'histoire*	303

Fragments historiques.................. 310
Ouvrages attribués a Racine........... 341
   Discours prononcé à la tête du Clergé,
     par l'abbé Colbert, coadjuteur de Rouen. *Ibid.*
   Relation de ce qui s'est passé au siège de
     Namur...................... 349
   Épître dédicatoire à madame de Montespan. 392
Ouvrages différents auxquels on prétend
   que Racine a eu part............... 395
   Chapelain décoiffé, ou parodie de quelques
     scènes du Cid................... *Ibid.*
   Critique de l'épître dédicatoire du dic-
     tionnaire de l'académie françoise.... *Ibid.*
   Arrêt burlesque................... 396

TOME CINQUIÈME.

Lettres de J. Racine publiées par L. Racine
   son fils........................... 5
   — à ses amis..................... 7
   — à Boileau avec les réponses......... 79
   — à son fils..................... 215
   — à différentes personnes............ 305
Lettre de Racine l'aîné à Louis Racine son
   frère........................... 323
Urbis et ruris differentia............... 326

Fin de la Table des deux derniers volumes.

www.ingramcontent.com/pod-product-compliance
Lightning Source LLC
Chambersburg PA
CBHW060657170426
43199CB00012B/1828